Jezus
mówi do ciebie

Sarah Young

Jezus
mówi do ciebie

**W MIŁOŚCI JEZUSA
ODNALEŹĆ POKÓJ I SZCZĘŚCIE**

TŁUMACZYŁA

Lucyna Wierzbowska

esprit

Originally published as *Jesus Calling. Enjoying Peace in His Presence* by Sarah Young

Copyright © 2004 Sarah Young

Copyright © for the Polish translation
by Wydawnictwo Esprit 2013

All rights reserved
This Licensed Work published under lincense.

NA OKŁADCE: *Chrystus*, Marco Palmezzano
© Christie's Images/Corbis

REDAKCJA: Małgorzata Pasicka, Ewa Ślusarczyk,
Karolina Rostkowska

PROJEKT TYPOGRAFICZNY I SKŁAD: Monika Stojek

IMPRIMATUR:
Kuria Metropolitalna w Krakowie,
nr 2235/2013 z 21 sierpnia 2013,
bp Jan Szkodoń, wik. gen.; o. prof. Tomasz Dąbek, cenzor

ISBN 978-83-63621-36-0
Wydanie I poprawione, Kraków 2014

DRUK I OPRAWA: CPI Moravia Books

WYDAWNICTWO ESPRIT SP. Z O.O.
ul. Przewóz 34, 30-716 Kraków
tel./fax 12 267 05 69, 12 264 37 09, 12 264 37 19
e-mail: sprzedaz@esprit.com.pl
ksiegarnia@esprit.com.pl
biuro@wydawnictwoesprit.com.pl
Księgarnia internetowa: www.esprit.com.pl

Dedykuję tę książkę mojej mamie, która zachęcała mnie do tego, abym nie przestawała pisać, i we wzruszający sposób wyrażała swoje uznanie dla mojej pracy. Trzymała rękopis przy łóżku, żeby go co rano czytać. Gdy któregoś razu wyjechała, poprosiła mnie, abym codziennie przesyłała jej swoje prace faksem. Kiedy zmarła na raka, odkryłam, że przepisywała ich fragmenty do dziennika. Moja mama, która modliła się za mnie w lepszych i gorszych okresach, włączając w to moje lata buntu, w pełni otworzyła swoje serce na moje utwory religijne. Pragnęła pisać książki dla dzieci, o czym często mówiła, ale to marzenie nigdy się nie ziściło. Jednak w pewnym sensie napisała książkę – tę książkę – za moim pośrednictwem.

Dziękuję, Nani!
Twoje dziedzictwo jest wciąż żywe!

Wstęp
Jezus mówi do ciebie

Obecności Boga doświadczyłam po raz pierwszy w malowniczo pięknej scenerii. Mieszkałam i studiowałam wtedy we wspólnocie w maleńkiej wiosce po francuskiej stronie Alp. Był to jeden z ośrodków L'Abri, międzynarodowej organizacji o charakterze duszpasterskim założonej w Szwajcarii przez Francisa i Edith Schaefferów*. Podczas swojego pobytu w L'Abri mogłam do woli zwiedzać bajkowe okolice. Zbliżał się koniec zimy i południowe słońce świeciło tak mocno, że można się było opalać, lecz ziemię wciąż jeszcze pokrywała gruba warstwa śniegu. Rażące promienie słoneczne odbite od nieskazitelnie białego śniegu

---

* Francis i Edith Schaefferowie w znaczący sposób przyczynili się do rozwoju ewangelikalizmu w XX wieku: oprócz kierowania L'Abri, angażowali się w duszpasterstwo dzieci i prowadzili szeroko zakrojone działania na rzecz chrześcijaństwa ewangelikalnego. Ewangelikalizm to ruch protestancki kładący nacisk na zażyłą więź z Jezusem i świadome osobiste nawrócenie określane mianem „powtórnych narodzin" [wszystkie przypisy pochodzą od tłumaczki].

rozpraszały ciemności umysłu, które od lat zniewalały moje myśli.

Codziennie wspinałam się na wysokie wzgórze, aby zachwycić swoją duszę widokiem, jaki się stamtąd rozciągał. Stojąc na szczycie, zatracałam się w krajobrazie nieskończonego piękna. W dole leżała wioska, która stała się moim domem. W jej panoramie dominował strzelisty kościół. Po drugiej stronie wzgórza znajdowało się Jezioro Genewskie, które słało mi swoje pozdrowienia, odbijając promienie słoneczne. Gdy podniosłam głowę, widziałam wokół siebie ośnieżone szczyty Alp. Obracałam się ku nim dziesiątki razy, aby wchłonąć tyle, ile tylko się dało, mając do dyspozycji dwoje oczu i ograniczony umysł.

Jako córka nauczyciela akademickiego zawsze byłam zachęcana do czytania i samodzielnego myślenia. W tamtym okresie miałam już za sobą studia filozoficzne na Wellesley College i kończyłam studia magisterskie na Tufts University. Kilka miesięcy wcześniej brat poprosił mnie, abym przeczytała książkę *Escape from Reason* [Ucieczka od rozumu] Schaeffera. Ku mojemu wielkiemu zaskoczeniu i ogromnej radości ta mała książeczka odpowiedziała na pytania, które już dawno od siebie odsunęłam, uznając je za pozbawione odpowiedzi. To właśnie wierność

Schaeffera jego własnym przekonaniom przywiodła mnie do tego nieskażonego miejsca. Znalazłam się tam, bo szukałam prawdy, lecz dopiero cudowne dzieło stworzenia sprawiło, że otworzyłam swoje serce na Pana.

Któregoś wieczora opuściłam naszą ciepłą, przytulną chatkę, żeby przespacerować się wśród zaśnieżonych gór. Wędrowałam pośród gęsto rosnących drzew i czułam się bezbronna oraz pełna podziwu dla tego zimnego, srebrzystego piękna. Powietrze było suche i rześkie, aż kłuło w nozdrza. Nagle poczułam, że otula mnie ciepła mgła. Zdałam sobie sprawę z cudownej Obecności Pana i szepnęłam bezwiednie: „Słodki Jezu". Nigdy wcześniej nie używałam tego zwrotu i byłam wstrząśnięta, słysząc samą siebie z taką czułością zwracającą się do Jezusa. Kiedy rozmyślałam nad tym krótkim westchnieniem, zdałam sobie sprawę, że była to reakcja nawróconego serca. Gdy uświadomiłam sobie ten fakt, zrozumiałam, że należę do Pana. Miało to o wiele większe znaczenie niż rzeczowe odpowiedzi, których szukałam. Oto bowiem nawiązałam relację ze Stworzycielem wszechświata.

Rok później, już po powrocie do Stanów Zjednoczonych, ponownie doświadczyłam Obecności Jezusa. Opłakiwałam właśnie rozpad poważnego związku i zastanawiałam się, czy fakt, że jestem chrześcijanką, ma jakikolwiek wpływ na jakość mojego życia.

Pracowałam wtedy w Virginii przy dokumentacji technicznej. Któregoś dnia szef wysłał mnie na konferencję do Atlanty. Kierowana poczuciem obowiązku, zgodziłam się wykonać to polecenie i bez entuzjazmu zameldowałam się w hotelu. Gdy znalazłam się sama w pokoju, poczułam, jak zalewa mnie fala osamotnienia. Próbując przed nią uciec, wyszłam z hotelu i zaczęłam krążyć bez celu ulicami Atlanty. Rzuciłam okiem na kilka książek leżących na ulicznym straganie. Moją uwagę zwróciła pozycja *Beyond Ourselves* [Poza nami] autorstwa Catherine Marshall. Przeczytałam ją tego samego wieczora i już nie czułam się samotna. Klęknęłam przy łóżku w sterylnym hotelowym pokoju i poczułam wszechogarniającą Obecność – moje serce napełniło się pokojem i miłością. Wiedziałam, że Jezus jest ze mną, i łączy się ze mną w bólu. Był to niewątpliwie ten sam „słodki Jezus", którego spotkałam w Alpach.

Przez kolejne szesnaście lat wiodłam – można by powiedzieć – przykładne chrześcijańskie życie. Podjęłam studia w Covenant Theological Seminary w St. Louis, gdzie zdobyłam tytuł magistra w zakresie poradnictwa psychologicznego i nauk biblijnych. Tam poznałam swojego przyszłego męża, Steve'a, misjonarza, który zgodnie z dwupokoleniową rodzinną tradycją pracował w Japonii. Po studiach dwukrotnie wyjechaliśmy na cztery lata do Japonii, gdzie pracowaliśmy przy zakładaniu kościołów. Podczas pierwszego pobytu na świat przyszła nasza córeczka, a podczas spędzonej w USA przerwy między kolejnymi misjami urodził się nam synek. Następnie wróciliśmy na trzy lata do Stanów. Mieszkaliśmy w Atlancie, gdzie Steve pracował w miejscowym kościele dla Japończyków, a ja zdobyłam kolejny tytuł zawodowy w zakresie poradnictwa psychologicznego na Georgia State University.

W ramach poszerzania mojego doświadczenia zawodowego pracowałam w poradni chrześcijańskiej w rejonie Atlanty. Uwielbiałam pomagać głęboko zranionym kobietom szukać uzdrowienia w Chrystusie. Przepełniała mnie też wdzięczność, ponieważ miałam dobrego, kochającego męża i dwójkę wspaniałych dzieci, które były największą radością mojego życia. Jednak w ciągu tych szesnastu lat ani razu nie doświadczyłam żywej Obecności Jezusa.

W rezultacie latem 1990 roku ponownie zaczęłam jej szukać. Najpierw pogrążyłam się w książce modlitewnej *Abiding Presence* [Stała obecność] autorstwa Andrew Murraya. Autor uważa, że chrześcijanie powinni nieustannie doświadczać Obecności Boga. Murray podkreśla, że to ważne, abyśmy jak najczęściej spędzali czas tylko z Panem, pogrążeni w cichej, nieprzerwanej rozmowie.

W czasie gdy zaczynałam tę lekturę, przeżywałam dość burzliwy okres. Czekaliśmy właśnie na wizy zezwalające na pobyt w Australii, gdzie chcieliśmy założyć kościół dla Japończyków żyjących w Melbourne. Musiałam zrezygnować z satysfakcjonującej mnie pracy doradcy, aby przygotować się do przeprowadzki, i powoli przyzwyczajałam się do tej straty. W czasie tych przełomowych zmian zaczęłam na poważnie szukać Bożej Obecności. Dzień rozpoczynałam od spotkania z Panem, zaopatrzona w Biblię, książkę modlitewną, dziennik, długopis i kawę. Gdy tak trwałam w Bożej Obecności, Pan zaczął się przede mną odkrywać. Godzina lub dwie sam na sam z Bogiem mijały zdecydowanie zbyt szybko.

Niepewność, której musiałam stawić czoła w tamtym okresie, jeszcze bardziej zbliżyła mnie do Boga. Wraz z mężem nie mieliśmy pojęcia, kiedy otrzymamy wizy zezwalające na stały pobyt, więc okres oczekiwania zdawał się nie mieć końca. Przeszłam w tamtym czasie cztery operacje, w tym dwie na czerniaka. Werset biblijny, który dodawał mi otuchy w tym trudnym okresie oczekiwania, towarzyszył mi także podczas niekończącego się lotu do Australii: „O tak, z weselem wyjdziecie i w pokoju was przyprowadzą" (Iz 55,12)*.

Osiedliliśmy się w Australii i każde z nas rozpoczęło swoją podwójną posługę. Wspierałam Steve'a w tworzeniu pierwszego w Melbourne kościoła dla Japończyków, ale moja służba polegała przede wszystkim na udzielaniu wsparcia psychologicznego australijskim kobietom. Część z nich wychodziła z duchowej niewoli i traumy spowodowanej strasznymi nadużyciami.

Ta intensywna działalność misyjna sprawiła, że nasza rodzina została narażona na poważne zagrożenia natury duchowej i co dzień rano modliłam się o ochronę. Któregoś ranka, gdy wznosiłam swoje modlitwy, wyobraziłam sobie, jak Bóg osłania każdego z nas po kolei. Zobaczyłam najpierw naszą córkę, potem syna, a potem Steve'a w otoczce złocistego światła opiekuńczej Bożej Obecności. Gdy modliłam się we własnej intencji, nagle opromieniło mnie jaskrawe światło i poczułam głęboki spokój. Doświadczając Obecności Boga w ten intensywny sposób, zupełnie

---

* Tłumaczeniem Pisma wykorzystywanym w niniejszej książce jest Biblia Tysiąclecia (Pismo Świętego Starego i Nowego Testamentu, wyd. 4, Poznań 1984), chyba że zaznaczono inaczej. Przy doborze źródła tłumaczka kierowała się zasadą wierności anglojęzycznemu oryginałowi książki.

straciłam poczucie czasu. To przeżycie było dla mnie zaskoczeniem, ale przyjęłam je z wdzięcznością, mocniejsza na duchu.

Zaledwie dwa lub trzy dni później jedna z moich podopiecznych, ofiara kazirodztwa, zaczęła opowiadać mi o swoich doświadczeniach związanych z satanistycznymi nadużyciami rytualnymi*. Ta forma kultu Szatana wiąże się z poddawaniem ofiar (często małych dzieci) niesłychanie okrutnym, hańbiącym torturom. Wspólnie z moją dzielną podopieczną przeprawiłyśmy się przez mroki jej wspomnień. Bóg przygotował mnie na tę ciemność, opromieniwszy mnie wcześniej swoim cudownym Światłem. Zrozumiałam wtedy, że moje doświadczenia związane z Bożą Obecnością mają służyć nie tylko mojemu dobru, ale też dobru innych.

W tym samym roku (1992) zaczęłam czytać *God Calling* [Bóg mówi do ciebie], książkę modlitewną napisaną przez dwie anonimowe „słuchaczki". Autorki w milczeniu trwały przy Bogu z kartką i długopisem w dłoni i zapisywały wszystko, co Pan im przekazał. Wiadomości zostały zapisane

---

* *Satanic ritual abuse* (SRA) — zbiorowe określenie przypadków rytualnego wykorzystywania dzieci (oraz, rzadziej, dorosłych), odnotowanych w latach 80. i 90. XX wieku w Stanach Zjednoczonych.

w pierwszej osobie, a zaimek „Ja" odnosi się do Boga. Ktoś przesłał mi tę książkę ze Stanów, gdy jeszcze mieszkałam w Japonii. Wtedy jej nie przeczytałam, ale zachowałam ją w swoich zbiorach mimo dwóch międzynarodowych przeprowadzek. Sześć lub siedem lat później ta niepozorna broszurowa publikacja stała się moim skarbem. Niezwykle silnie sprzęgła się z pragnieniem życia w Obecności Jezusa.

W następnym roku zaczęłam się zastanawiać, czy ja także mogłabym otrzymywać takie przesłania w chwilach obcowania z Bogiem. Przez lata prowadziłam dzienniki modlitewne, ale była to komunikacja jednokierunkowa: tylko ja mówiłam. Wiedziałam, że Bóg porozumiewa się ze mną poprzez Biblię, ale pragnęłam czegoś więcej. Coraz bardziej chciałam usłyszeć, co Bóg ma mi osobiście do powiedzenia danego dnia. Postanowiłam wsłuchiwać się w Jego głos z długopisem w dłoni i zapisywać wszystko, co – jak mi się wydawało – do mnie mówił. Za pierwszym razem czułam się dziwnie, ale otrzymałam przesłanie. Było krótkie, biblijne i na temat. Dotyczyło kwestii, które były mi bliskie w tamtym czasie: zaufania, lęku i bliskości Boga. Odpowiedziałam na nie modlitwą, którą zapisałam w swoim dzienniku.

Pisanie dziennika przybrało formę dialogu. Wkrótce wiadomości zaczęły napływać coraz swobodniej i kupiłam nawet specjalny zeszyt, aby je zapisywać. Ta nowa forma komunikacji z Panem zaczęła być najważniejszym punktem mojego dnia. Wiedziałam, że moje zapiski nie są natchnione – jak Pismo – mimo wszystko pomagały mi zbliżyć się do Boga.

Lata mijają, a ja w chwilach kontemplacji wciąż otrzymuję od Boga osobiste przesłania. Im cięższe jest moje życie, tym bardziej potrzebuję tych zachęcających wskazówek od Stwórcy. Ciche trwanie przy Bogu jest tak samo ważne jak moje zapiski z tych chwil medytacji. W zasadzie zdarza mi się czasem, że trwam przy Bogu, nie zapisując ani słowa. Gdy tak skupiam się na Panu, czasem doświadczam „pełni radości" (Ps 16,11), a czasem po prostu rozkoszuję się Jego łagodnym towarzystwem i pozwalam, aby napełniał mnie swoim Pokojem. Przez te wszystkie lata słuchania Pana z długopisem w dłoni czułam, że temat Pokoju Bożego odgrywa w moich zapiskach coraz ważniejszą rolę. Jestem pewna, że ta tendencja po części odzwierciedla moje osobiste pragnienie, ale gdy poznaję nowe osoby, przekonuję się, że balsamu w postaci Jezusowego Pokoju potrzebuje większość z nas.

Fragmentem Pisma, który zmienił moje życie, jest ten oto werset z Księgi Psalmów: „Zatrzymajcie się, i we Mnie uznajcie Boga" (Ps 46,11).

Słowa „zatrzymajcie się" można też tłumaczyć jako: „rozluźnijcie się", „puśćcie" lub „przestańcie się starać"*. W tym wersecie Bóg w sugestywny sposób zachęca nas do tego, abyśmy odłożyli na bok swoje troski i szukali Jego Obecności. Wierzę, że Bóg pragnie tych cichych momentów bardziej niż my sami. Wierzę też, że Pan nigdy nie przestaje mówić do tych, którzy Go słuchają (J 10,27) i nieustannie polegam na pomocy Ducha Świętego w tym względzie. Zgadzam się z J.I. Packerem, który w swojej książce *Your Father Loves You* [Twój Ojciec cię kocha] pisze: „Bóg [...] kieruje naszym umysłem, gdy rozmyślamy w Jego obecności".

Wsłuchiwanie się w Boży głos pomogło mi zbliżyć się do Pana bardziej niż jakiekolwiek inne ćwiczenie duchowe, więc chcę się podzielić częścią tych przesłań. W wielu częściach świata chrześcijanie zdają się dążyć do głębszego doświadczenia Obecności i Pokoju Jezusa. Zapiski zawarte w niniejszej książce wychodzą naprzeciw tej potrzebie. Jedynym nieomylnym Słowem Boga pozostaje oczywiście Biblia; treść moich notatek musi być z nią zgodna. Narratorem niniejszej książki uczyniłam Jezusa, więc to do Niego odnoszą się wszystkie zaimki w pierwszej osobie

---

* Przekład polski za przytaczaną w oryginale New American Standard Bible.

liczby pojedynczej („Ja", „Mój"). Zaimek „ty" odnosi się do ciebie, Czytelniku; masz zatem wrażenie, że mówi do ciebie Jezus.

Po każdej notatce odsyłam do określonego fragmentu Pisma. Gdy słuchałam Boga, często na myśl przychodziły mi wersety Biblii lub ich urywki i postanowiłam wpleść je w swoje zapiski. Słowa pochodzące z Pisma (parafrazy lub cytaty) złożono kursywą. Niektóre z podanych na końcu odnośników dotyczą właśnie tych wyróżnionych fragmentów. Inne odwołania są mniej oczywiste; zamieściłam je jako zachętę do głębszych przemyśleń. Niektóre z wersetów pojawiają się nader często, a to dlatego, że Bóg wielokrotnie się nimi posiłkował, aby dodawać mi sił i otuchy, skłaniając mnie do odwrócenia wzroku od „*niewielkich utrapień mojego obecnego czasu*" (2 Kor 4,17) i spojrzenia na świat z perspektywy wieczności.

Tematem, który często powracał, gdy wsłuchiwałam się w głos Boga, była istota wdzięczności i zaufania. Te dwie wartości są dość szeroko omówione także w Biblii i mają dla nas kluczowe znaczenie, jeśli chcemy cieszyć się Obecnością i Pokojem Jezusa.

Przesłania stanowiące treść niniejszej książki powinno się czytać powoli, najlepiej w ciszy. Zachęcam cię, Czytelniku, do założenia dziennika i zapisywania wszelkich myśli oraz wrażeń, jakie zostaną ci zesłane, gdy będziesz trwać w Jego Obecności. Pamiętaj, że Jezus to Emmanuel, *Bóg z nami*. Niech coraz hojniej obdarza cię swoją Obecnością i Pokojem.

Sarah Young

Styczeń

*Jestem bowiem świadomy zamiarów, jakie
zamyślam co do was – wyrocznia Pana –
zamiarów pełnych pokoju, a nie zguby,
by zapewnić wam przyszłość, jakiej oczekujecie.*

Jr 29,11

1 STYCZNIA

Przyjdź do mnie z pojętnym duchem, gotowym na zmiany. Wędrując ze Mną, musisz nieustannie wkraczać na nowe terytoria. Nie trzymaj się kurczowo starych przyzwyczajeń, wstępując w nowy rok. Zamiast tego z otwartą głową szukaj Mojego Oblicza, mając świadomość, że podróż ze Mną wiąże się z *przemianą poprzez odnowę umysłu*. Gdy skupiasz na Mnie swoje myśli, wiedz, że mam na ciebie baczenie. Nie odrywam od ciebie wzroku, ponieważ moja zdolność koncentracji jest nieograniczona. Znam i rozumiem cię doskonale; Moje myśli skupiają się na tobie, otulając cię wieczną Miłością. *Jestem też świadomy zamiarów, jakie zamyślam co do ciebie – zamiarów pełnych pokoju, a nie zguby, by zapewnić ci przyszłość, jakiej oczekujesz.* Daj się porwać przygodzie otwierania się na Moją Obecność.

Rz 12,2; Jr 29,11

2 STYCZNIA

Odpocznij w mojej kojącej obecności. Gdy spędzasz ze Mną czas, twoje myśli często biegną ku planom i problemom dnia codziennego. Oddaj Mi swój umysł, abym cię pokrzepił i odnowił. Niech w tych chwilach skupienia przenika cię Światło Mojej Obecności, które przygotuje cię na wszystko, co może przynieść dzień. Ofiara z twojego czasu Mnie raduje, a twojego ducha umacnia. Nie pozwól, aby była zbyt skąpa. Oderwij się od obowiązków, które się przed tobą piętrzą. *Obrałeś najlepszą cząstkę i nie będziesz jej pozbawiony.*

Ps 105,4; Łk 10,39–42

3 STYCZNIA

POKRZEP SWOJEGO DUCHA w Pokoju Mojej Obecności. Stanu tego możesz doświadczać w każdej chwili i w każdych okolicznościach. Naucz się *szukać we Mnie ucieczki* nawet podczas wykonywania obowiązków tego świata. Jestem zarówno z tobą, jak i w tobie. Idę przodem, aby torować ci drogę, a jednocześnie kroczę tuż obok. Nigdy nie znajdziesz równie oddanego towarzysza.

Ponieważ jestem twoim nieodłącznym Towarzyszem, powinieneś stąpać z zauważalną dla innych lekkością. Nie pozwól, aby przytłoczyły cię problemy i nierozwiązane sprawy, ponieważ to Ja dźwigam twoje bolesci. W świecie czekają cię próby i cierpienie, ale nie pozwolę cię złamać. *Jam zwyciężył świat*: nie zrobi ci już krzywdy. We Mnie masz wieczny Pokój.

Ps 31,20–21; J 16,33

4 STYCZNIA

CHCĘ, ABYŚ WYPRACOWAŁ W SOBIE NOWY NAWYK. Postaraj się mówić: "Ufam Ci, Jezu" w odpowiedzi na wszystko, co ci się w życiu przytrafia. Gdy masz dość czasu, rozmyślaj o tym, kim jestem w całej Mojej Mocy i Chwale; rozważaj też głębię i ogrom Mojej Miłości do ciebie.

Dzięki tej prostej praktyce będziesz umiał dojrzeć Mnie w każdej sytuacji, uznając Moją zwierzchnią władzę nad światem. Kiedy patrzysz na wydarzenia z tej perspektywy – poprzez Światło Mojej wszechobecności – strach traci swoją siłę. Jeżeli nawet w najtrudniejszej sytuacji potwierdzasz swoją ufność we Mnie, przeciwności losu stają się okazją do rozwoju. Natomiast błogosławieństwa przyjmujesz z wdzięcznością, zdając sobie sprawę, że płyną one prosto z Moich łaskawych rąk. Nieustanne deklaracje zaufania będą przybliżać cię do Mnie i wzmacniać naszą relację.

Ps 63,3; Iz 40,10–11; Ps 139,7–10

5 STYCZNIA

MOŻESZ WIEŚĆ ZWYCIĘSKIE ŻYCIE, jeśli będziesz zdawać się na Mnie. Ludzie zwykle utożsamiają zwycięstwo z sukcesem. Zwycięzcą jest ten, kto się nie potyka i nie chwieje, kto nie popełnia błędów. Jednak ci, którzy osiągają sukces swoimi siłami, często idą własną drogą, zapominając o Mnie. Tymczasem za sprawą problemów i porażek, słabości i potrzeb, uczysz się na Mnie polegać.

Prawdziwa zależność nie ogranicza się do proszenia Mnie o błogosławieństwo dla twoich decyzji. Musisz przychodzić do Mnie z otwartym umysłem i otwartym sercem, prosząc, abym zasiał w tobie Moje pragnienia. Mogę natchnąć cię marzeniem, którego spełnienie będzie się wydawało daleko poza twoim zasięgiem. Wiesz, że własnymi siłami nie osiągnąłbyś celu. I w ten sposób rozpoczyna się podróż, podczas której całkowicie zdajesz się na Mnie. Idziesz w wierze, stąpając powoli, i opierasz się na Moim ramieniu, kiedy tylko chcesz. Podróż nie obfituje w sukcesy; co kilka kroków upadasz. Jednak po każdym upadku wzrastasz duchowo, polegając na Mnie jeszcze bardziej. Rozkoszuj się radością zwycięskiego życia, zdając się na Mnie z coraz większą ufnością.

Ps 34,18–19; 2 KOR 5,7

6 STYCZNIA

MOGĘ *uczynić nieskończenie więcej, niż prosisz czy rozumiesz.* Przyjdź do Mnie z pozytywnymi oczekiwaniami i świadomością, że Moja Moc jest nieograniczona. Poproś Mojego Ducha, aby zapanował nad twoim umysłem i napełnił go wspaniałymi myślami o Mnie. Niech nie zniechęca cię fakt, że wiele twoich modlitw wciąż pozostaje bez odpowiedzi. Czas jest nauczycielem – uczy cię czekać na Mnie i ufać Mi w ciemnościach. Im trudniejsze jest teraz twoje życie, tym bardziej prawdopodobne, że doświadczysz działania *Mojej Chwały i Mocy*. Nie pozwól, aby trudności cię przygnębiały; spróbuj traktować je jako scenę dla Mojej chwalebnej interwencji. Miej oczy i umysł szeroko otwarte na wszystko, co robię w twoim życiu.

EF 3,20–21; RZ 8,6; IZ 40,30–31; AP 5,13

7 STYCZNIA

NIE SPOSÓB NADTO BYĆ MI WDZIĘCZNYM I NADTO MNIE WYCHWALAĆ. Napisane jest przecież, że *mieszkam w chwałach swojego ludu*. Bywa, że wychwalasz Mnie spontanicznym wybuchem radości w odpowiedzi na promienne piękno lub obfite błogosławieństwa. Kiedy indziej chwalisz Mnie w sposób bardziej zdyscyplinowany i przemyślany – jest to akt twojej woli. Jestem obecny, jakkolwiek oddajesz Mi chwałę. Wdzięczność to jedna z królewskich dróg do Mojej bliskości. We wdzięcznym sercu jest dla Mnie mnóstwo miejsca.

Dziękując Mi za liczne przyjemności, jakimi cię obdarzam, potwierdzasz, że jestem Bogiem, od którego pochodzą wszelkie błogosławieństwa. Kiedy dziękujesz Mi nawet w obliczu przeciwności, twoja wiara w Moją zwierzchność nad światem staje się przedmiotem podziwu w niewidzialnym królestwie. Wypełnij wolne chwile swojego życia wyrazami podziwu i dziękczynieniem. Ta radosna dyscyplina pomoże ci żyć w Mojej bliskości.

Ps 22,4*; Ps 146,2–3; 1 TES 5,18

---

* Biblia Gdańska, Warszawa 1996.

8 STYCZNIA

ŁAGODNIE OZNAJMIAM CI MOJĄ OBECNOŚĆ. Połyskujące promienie światła padają na twoje sumienie, szukając wejścia. Choć posiadam wszelką ziemską i niebiańską Moc, ciebie traktuję z nieskończoną delikatnością. Im jesteś słabszy, tym czulej się do ciebie odnoszę. Niech twoja słabość stanie się furtką do Mojej Obecności. Zawsze, gdy czujesz się nieudolny, pamiętaj, że jestem twoim *najpewniejszym ratunkiem*.

Pokładaj we Mnie nadzieję, a uchronisz się przed przygnębieniem i żalem nad sobą. Nadzieja jest jak złota lina łącząca cię z niebem. Im mocniej się jej trzymasz, tym bardziej cię odciążam. Idziesz więc z większą lekkością. Ociężałość nie pochodzi z Mojego królestwa. Trzymaj się nadziei, a promienie Mojego światła dosięgną cię w ciemnościach.

Ps 46,2*; Rz 12,12; Rz 15,13

---

* Biblia Gdańska, wyd. cyt.

9 STYCZNIA

Jestem z tobą i dla ciebie. Kiedy postanowisz działać zgodnie z Moją wolą, żadna siła na ziemi i w niebie cię nie powstrzyma. Możesz napotykać przeszkody, ale nie ulegaj zniechęceniu – nie wolno ci się poddać! Z Moją pomocą pokonasz każdą trudność. Nie oczekuj, że nasza wspólna droga będzie łatwa, ale pamiętaj, że Ja, twój *najpewniejszy ratunek*, jestem wszechmocny.

Częstą przyczyną wewnętrznego napięcia jest chęć przyspieszenia tego, co nieuniknione. To Ja decyduję o tempie wydarzeń; jest to jeden z głównych przejawów Mojej zwierzchniej władzy nad światem. Jeżeli pragniesz być blisko Mnie i postępować zgodnie z Moją wolą, co kilka kroków proś Mnie, abym ponownie wskazał ci drogę. Zamiast pędzić bez namysłu ku swojemu celowi, pozwól, abym to Ja nadawał tempo twojej wędrówce. Zwolnij i ciesz się podróżą w Mojej Obecności.

Rz 8,31; Ps 46,2–4; Łk 1,37

10 STYCZNIA

ILEKROĆ DAJESZ DOWÓD SWOJEGO ZAUFANIA DO MNIE, wrzucasz monetę do Mojego skarbca. Gromadzisz w ten sposób kapitał na trudne chwile. Zaufanie, które we Mnie zainwestowałeś, przechowuję bezpiecznie w Moim sercu, nieustannie doliczając odsetki. Im bardziej Mi ufasz, tym więcej daję ci sił, abyś w tym zaufaniu wzrastał.

Ćwicz zaufanie w spokojne dni, kiedy nic wielkiego się nie dzieje. Gdy przyjdzie burza, twoje zasoby będą wystarczające, abyś przetrwał. *Gromadź sobie skarby w niebie*, pokładając we Mnie ufność. Dzięki temu będziesz trwał w Moim Pokoju.

Ps 56,4–5; Mt 6,20–21

11 STYCZNIA

OKAŻ MI ZAUFANIE, oddając Mi kontrolę nad swoim życiem. *Zatrzymaj się i we Mnie uznaj Boga.* Świat należy do Mnie: Ja go stworzyłem i Ja nad nim panuję. W litanii Miłości ty jesteś stroną, która odpowiada. W swoich dzieciach szukam podatności na Moje działanie. Strzeż dobrze tego daru, który zasiałem w twoim sercu. Pielęgnuj go Światłem Mojej Obecności.

Gdy chcesz Mnie o coś prosić w modlitwie, powiedz Mi o swoich troskach. Mów do Mnie szczerze; otwórz swoje serce. Potem podziękuj Mi za działania, które podjąłem na długo przed tym, zanim będziesz mógł zobaczyć ich rezultaty. Nie przestawaj Mi za nie dziękować nawet wówczas, gdy znów zapragniesz zwrócić się do Mnie z prośbą. Jeżeli poprzestaniesz na przedstawieniu Mi swoich zmartwień, będziesz żył w stanie napięcia. Gdy zaś podziękujesz Mi za odpowiedzi na swoje modlitwy, zaczniesz myśleć pozytywniej. Modlitwy dziękczynne sprawiają, że nieprzerwanie koncentrujesz się na Mojej Obecności i na Moich Obietnicach.

Ps 46,11; Kol 4,2; 2 P 1,3–4

12 STYCZNIA

Pozwól, że przygotuję cię na dzień, który się przed tobą otwiera. Wiem dokładnie, co cię dziś spotka; ty masz o tym tylko mgliste pojęcie. Chciałbyś zobaczyć mapę przedstawiającą wszystkie zakręty i meandry czekającej cię drogi. Czułbyś się lepiej przygotowany, gdybyś był w stanie przewidzieć, co cię czeka. Jeśli jednak chcesz naprawdę dobrze przygotować się na w s z y s t k o, co może przynieść dzień, spędzaj ze Mną czas sam na sam.

Nie pokażę ci drogi przed tobą, ale zaopatrzę cię we wszystko, czego będziesz potrzebował podczas podróży. Moja żywa Obecność towarzyszy ci na każdym kroku. Bądź ze Mną w nieustannym kontakcie i wymawiaj szeptem Moje Imię, ilekroć chcesz skierować swoje myśli na właściwy tor. W ten sposób przemierzysz dzień, skupiając się na Mnie. Moja stała Obecność jest najlepszą mapą drogową.

Wj 33,14; J 15,4-7

13 STYCZNIA

POSTARAJ SIĘ TRAKTOWAĆ KAŻDY DZIEŃ jak niezwykłą wyprawę, która została starannie zaplanowana przez Przewodnika. Przestań wpatrywać się w horyzont dnia, który się przed tobą rozpościera, i z wyprzedzeniem wytyczać wygodne dla siebie ścieżki. Zamiast tego myśl o Mnie i o wszystkim, co dla ciebie przygotowałem. Podziękuj Mi za ten dzień swojego życia, uznając go za drogocenny, niepowtarzalny dar. Uwierz, że jestem z tobą w każdej chwili, niezależnie od tego, czy wyczuwasz Moją Obecność, czy nie. Postawa pełna wdzięczności i zaufania pozwoli ci patrzeć z Mojej perspektywy na to, co ci się przydarza.

Jeśli będziesz szedł ze Mną, twoje życie nigdy nie będzie nudne ani przewidywalne. Codziennie spodziewaj się niespodziewanego! Nie szukaj najłatwiejszego szlaku, przemierzając dzień dzisiejszy. Bądź gotów pójść tam, gdzie cię poprowadzę. Bez względu na to, jak stroma i zdradziecka jest droga przed tobą, u Mojego boku zawsze jesteś najbezpieczniejszy.

Ps 118,24; 1 P 2,21

14 STYCZNIA

Pozwól, że obdarzę cię Moją łaską i Pokojem. Otwórz swoje serce i umysł, aby przyjąć wszystko, co dla ciebie mam. Nie wstydź się swojej wewnętrznej pustki. Pomyśl, że jest to idealne naczynie na Mój Pokój.

Jeśli tylko chcesz, możesz poprawić swój wygląd i robić wrażenie człowieka, któremu niczego nie brakuje. Większość ludzi może dać się zmylić. Jednak Ja widzę twoje wnętrze, docieram do najgłębszych zakamarków twojej istoty. W naszej relacji nie ma miejsca na udawanie. Raduj się słodką świadomością, że jesteś w pełni rozumiany. Opowiedz Mi o swoich zmaganiach, o tym, że czujesz się nieudolny. Dzień po dniu będę powoli przekuwał twoje słabości w siłę. Pamiętaj, że nasza relacja jest przesiąknięta łaską. Dlatego *żaden twój czyn i twoje żadne zaniechanie nie zdoła odłączyć cię od Mojej Obecności.*

1 Sm 16,7; Rz 8,38–39

15 STYCZNIA

Pada na ciebie blask mojej twarzy, roztaczając wokół poświatę *Pokoju, który przewyższa wszelki umysł*. Otoczony jesteś morzem problemów, ale w tej chwili patrzysz na Mnie, a Ja jestem twoim Pokojem. Dopóki się we Mnie wpatrujesz, jesteś bezpieczny. Jeśli zaś twoją uwagę pochłoną rozliczne problemy, zatoniesz, przygnieciony ich ciężarem. Gdy tylko poczujesz, że toniesz, zawołaj po prostu: „Pomóż mi, Jezu", a Ja cię uratuję.

Im bliższa jest nasza relacja, tym bezpieczniej możesz się czuć. Powierzchnia wody jest pomarszczona, a w oddali podnoszą się zdradzieckie fale. *Patrz na Mnie*, na Tego, który się nigdy nie zmienia. Zanim nadejdzie czas próby, zmniejszę fale według własnego uznania. Jestem zawsze przy tobie i pomagam ci radzić sobie z falami *dnia dzisiejszego*. Przyszłość to widmo, które chce cię wystraszyć. Śmiej się z przyszłości! Trwaj przy Mnie blisko.

Flp 4,7; Mt 14,30; Hbr 12,2

16 STYCZNIA

Przyjdź do mnie i odpocznij w Mojej kochającej Obecności. Wiesz, że dzisiejszy dzień przyniesie wiele problemów, i zastanawiasz się, co zrobić, aby sobie z nimi poradzić. Próbując przewidzieć, co cię czeka, zapominasz, że *jestem z tobą* – teraz i na wieki. Wybiegając myślą w przyszłość, do trudnych sytuacji, które być może cię czekają, przeżywasz je wiele razy, a powinieneś przechodzić je tylko raz – wtedy, gdy rzeczywiście mają miejsce. Nie przysparzaj sobie dodatkowego cierpienia! Przyjdź lepiej do Mnie i odpocznij w Moim Pokoju. Wzmocnię cię i przygotuję na dzisiejszy dzień, przemieniając twój strach w głębokie zaufanie.

Mt 11,28–30; Joz 1,5.9

17 STYCZNIA

Przyjdź do mnie z wdzięcznym sercem i ciesz się Moją Obecnością. Przed tobą dzień, który uczyniłem. Chcę, abyś się nim radował, nie martwiąc się o to, co będzie jutro. Szukaj tego, co dla ciebie przygotowałem, spodziewając się obfitych błogosławieństw i godząc się na wszelkie trudności. Mogę wpleść cuda w najzwyklejszy dzień, jeśli tylko skupisz się na Mnie.

Przyjdź do Mnie ze wszystkimi swoimi potrzebami, świadom, iż *Moje bogactwo* jest tak wielkie, że mogę z nawiązką zaspokoić wszystkie twoje pragnienia. Bądź ze Mną w nieustannym kontakcie, abyś – przeżywając życie – mógł zarazem wznosić się ponad nie. *Przedstaw Mi swoje prośby w modlitwie i błaganiu z dziękczynieniem, a Mój Pokój, który przewyższa wszelki umysł, będzie strzegł twojego serca i myśli.*

Ps 118,24; Flp 4,6–7.19

18 STYCZNIA

PROWADZĘ CIĘ WŁAŚCIWĄ DROGĄ, ale droga ta nie tylko się pnie, ale i opada. W dali widać ośnieżone szczyty, które skrzą się w świetle słońca. To dobrze, że pragniesz je zdobyć, ale nie możesz wybrać drogi na skróty. Musisz iść za Mną, pozwalając Mi wytyczać szlak. Widok szczytów może pchać cię do przodu, ale przez cały czas powinieneś trzymać się blisko Mnie.

Ucz się trwać w zaufaniu do Mnie, kiedy coś „pójdzie źle". Zakłócenia normalnego porządku rzeczy uwidaczniają twoją ode Mnie zależność. Przyjmując wszelkie próby z ufnością, doświadczysz *bezmiaru chwały*. Trzymaj Mnie za rękę przez cały dzisiejszy dzień. Z czułością zaplanowałem każdy centymetr drogi, która cię czeka. Twoje zaufanie nie może słabnąć, gdy ścieżka staje się stroma i skalista. Oddychaj głęboko podmuchami Mojej Obecności i mocno ściskaj Moją rękę. Razem nam się uda!

J 21,19; 2 KOR 4,17; HA 3,19

19 STYCZNIA

Szukaj mojego oblicza, a znajdziesz więcej, niż mógłbyś sobie wyobrazić. *Niech Mój Pokój strzeże twojego serca i myśli.* Jestem jak chmura Pokoju, która swoim deszczem napełnia sadzawkę twojego umysłu. Istotą Mojej Natury jest zsyłanie błogosławieństw. Istotą twojej – przyjmowanie ich z wdzięcznością. To układ idealny, obmyślony jeszcze przed powstaniem świata. Oddawaj Mi cześć, przyjmując Moje błogosławieństwa z wdzięcznością.

Jestem celem wszystkich twoich poszukiwań. *Gdy będziesz Mnie szukać, znajdziesz Mnie* i poczujesz się spełniony. Kiedy twoją uwagę pochłaniają mniej istotne cele, Ja schodzę na dalszy plan. Wciąż jestem przy tobie, patrzę i czekam, ale ty zachowujesz się tak, jakbyś był sam. A przecież Moje Światło rozświetla każdą sytuację, jakiej stawiasz czoła. Żyj promiennie, skupiając się na Mnie w każdej chwili swojego życia. Nie pozwól, aby cokolwiek odwiodło cię od szukania Mnie.

Ps 27,8; Flp 4,7; Jr 29,13

20 STYCZNIA

Zacznij dzień ze świadomością, kto tu rządzi. Planując swoje dzisiejsze działania, pamiętaj, że to Ja zarządzam wszystkim, co cię spotyka. W dni, kiedy wszystko przebiega sprawnie i tak, jak zaplanowałeś, możesz być nieświadomy Mojej zwierzchniej Obecności. Ale gdy coś układa się nie po twojej myśli, rozglądaj się za Mną! Być może dokonuję właśnie w twoim życiu czegoś ważnego – czegoś, co kłóci się z tym, czego się spodziewałeś. W takich chwilach musisz być ze Mną w kontakcie, pamiętając, że Moja droga jest lepsza od twojej. Nie próbuj zrozumieć tego, co się dzieje. Po prostu Mi zaufaj i z góry podziękuj Mi za dobro, które z tego wyniknie. *Jestem bowiem świadomy zamiarów, jakie zamyślam co do ciebie, zamiarów pełnych pokoju.*

Iz 55,9–11; Jr 29,11

21 STYCZNIA

CHCĘ MIEĆ CIĘ CAŁEGO. Wyswobadzam cię z więzów wszelkich innych zależności. We Mnie jest twoje bezpieczeństwo – nie w innych ludziach, nie w okolicznościach. Polegając wyłącznie na Mnie, możesz mieć wrażenie, że stąpasz po linie, ale jesteś bezpieczny: *na dole są Moje ramiona wieczne*. Więc nie bój się upadku. Patrz lepiej na Mnie. Jestem zawsze przed tobą i przywołuję cię do siebie, prosząc, abyś szedł bez pośpiechu, krok za krokiem. *Ani co wysokie, ani co głębokie, ani jakiekolwiek inne stworzenie nie zdoła odłączyć cię od Mojej kochającej Obecności.*

Pwt 33,27*; Rz 8,39

---

* Biblia Warszawska. Biblia to jest Pismo Święte Starego i Nowego Testamentu. Nowy przekład, Warszawa 1975.

22 STYCZNIA

Staraj się mi ufać w coraz liczniejszych sferach swojego życia. Wszystko, co burzy twój spokój, jest zarazem szansą rozwoju. Zamiast uciekać przed takimi wyzwaniami, zaakceptuj je, gotów na przyjęcie błogosławieństw ukrytych pod płaszczem trudności. Jeżeli wierzysz, że panuję nad wszystkimi aspektami twojego życia, możesz Mi ufać w każdej sytuacji. Nie trać energii na ubolewanie nad tym, że jest tak, jak jest, ani na myślenie o tym, jak mogłoby być. Zacznij od teraz: przyjmij sytuację taką, jaka jest, i szukaj Mojej drogi.

Zaufanie jest niczym laska, na której możesz się wesprzeć, pnąc się ze Mną ku górze. Jeśli będziesz konsekwentnie Mnie nim darzył, odciąży cię tak bardzo, jak to będzie konieczne. *Zaufaj Mi z całego serca i nie polegaj na własnym rozsądku.*

Ps 52,10; Prz 3,5–6

23 STYCZNIA

Jesteś tylko człowiekiem i nie ma w tym nic złego. Nie dziw się i nie martw, gdy podczas modlitwy twoje myśli zaczynają gdzieś błądzić. Po prostu ponownie skup się na Mnie. Ukradkiem poślij Mi uśmiech, wiedząc, że rozumiem. Raduj się Moją Miłością do ciebie – bezgraniczną i bezwarunkową. Wypowiedz szeptem Moje imię, pewien, że *nie opuszczę cię i nie porzucę*. Staraj się nić tych spokojnych interludiów gęsto wplatać w tkaninę dnia. Znajdziesz w ten sposób *nienaruszony spokój i łagodność ducha*, które są Mi miłe.

Gdy żyjesz w bliskim kontakcie ze Mną, bije od ciebie Światło Mojej Obecności, stając się błogosławieństwem dla innych. Wszelkie słabości i zranienia to szczeliny, przez które *Jasność poznania Mojej Chwały* wpada do twojego wnętrza. *Pełnia Mej Mocy okazuje się w słabości*.

Pwt 31,6; 1 P 3,4; 2 Kor 4,6–7; 2 Kor 12,9*

---

* Biblia Warszawska, wyd. cyt.

24 STYCZNIA

MÓJ POKÓJ jest skarbem nad skarbami – *drogocenną perłą*. To niezwykle cenny prezent – zarówno dla Darczyńcy, jak i obdarowywanego. Kupiłem go dla ciebie za cenę własnej krwi. Przyjmujesz go, darząc Mnie zaufaniem wśród życiowych burz. Gdy masz w sobie pokój tego świata – gdy wszystko idzie po twojej myśli – nie szukasz Mojego bezkresnego Pokoju. Gdy jednak napotykasz trudności – dziękuj Mi, bo każda próba skrywa duchowe błogosławieństwo. Niepomyślne zdarzenia to normalna rzecz w upadłym świecie. Spodziewaj się ich każdego dnia. Raduj się w obliczu trudności, *Jam zwyciężył świat*.

MT 13,46; JK 1,2; J 16,33

25 STYCZNIA

Niech moja miłość spowije cię całego blaskiem Mojej Chwały. Trwaj w Świetle Mojej Obecności, przyjmując Mój Pokój. Te ciche chwile ze Mną wykraczają poza czas, przynosząc owoce obfitsze, niż możesz sobie wyobrazić. Złóż Mi ofiarę ze swojego czasu i patrz, jak hojnie błogosławię tobie i twoim bliskim.

Nasza bliskość *przemienia* cię wewnętrznie. Gdy skupiasz się na Mnie, czynię cię takim, jakim chcę cię widzieć. Twoją rolą jest poddać się Mojej twórczej pracy nad tobą – ani się nie wzbraniając, ani nie próbując jej przyspieszać. Ciesz się rytmem życia pełnego Bożego oddechu, godząc się na to, abym to Ja nadawał tempo wydarzeniom. Trzymaj Mnie za rękę, ufając Mi jak dziecko, a droga przed tobą będzie się stopniowo odkrywać.

Hbr 13,15; 2 Kor 3,18; Ps 73,23-24

26 STYCZNIA

Porzuć złudne przekonanie, że zasługujesz na łatwe życie. Jakaś cząstka ciebie wciąż łaknie wolności od wszelkich trosk. To złudna nadzieja! Jak powiedziałem swoim uczniom, *na świecie doznasz ucisku*. Nie wiąż swojej nadziei z uwolnieniem od trosk w tym życiu; pokładaj ją w obietnicy wiecznej beztroski w niebie. Zamiast szukać doskonałości w tym upadłym świecie, poświęć swoją energię na szukanie Mnie – Tego, który jest Doskonały.

Możesz się Mną cieszyć i wysławiać Moje Imię nawet w obliczu przeciwności. Tak naprawdę Moje Światło świeci najjaśniej właśnie poprzez tych wierzących, którzy ufają Mi w ciemnościach. Ten rodzaj ufności jest darem nadprzyrodzonym – to owoc działania Mojego Ducha, który w tobie mieszka. Gdy sprawy nie układają się po twojej myśli, ufaj Mi mimo wszystko. Pomyślne okoliczności zajmują Mnie znacznie mniej niż twoja odpowiedź na to, co ci się przytrafia.

J 16,33; Ps 112,4.7

27 STYCZNIA

Zaufanie jest złotą ścieżką do nieba. Gdy nią podążasz, żyjesz ponad wszystkim, co ci się przytrafia. Moje chwalebne Światło jaśniej opromienia tych, którzy kroczą tą drogą Życia. Miej odwagę iść ze Mną drogą dobra, bo to najkrótszy spośród wszystkich szlaków prowadzących do nieba. Droga zła jest okrężna: wije się i skręca w bolesne supły. Powietrze jest tam ciężkie, a w górze zbierają się ciemne, złowieszcze chmury. Gdy *polegasz na swoim rozsądku*, bierzesz na siebie wielki ciężar. *Ufaj Mi bezgranicznie, a Ja wyrównam twoje ścieżki.*

J 14,1–2; Prz 3,5–6

28 STYCZNIA

JESTEM Z TOBĄ PRZEZ WSZYSTKIE DNI. To ostatnie zdanie, które wypowiedziałem, zanim wstąpiłem do nieba. Po dziś dzień powtarzam słowa tej obietnicy wszystkim, którzy słuchają. Ludzie reagują na Moją nieustanną Obecność na wiele sposobów. Większość chrześcijan przyjmuje to nauczanie, lecz zapomina o nim w swoim codziennym życiu. Niektórzy niezorientowani lub zranieni wierzący ze strachem myślą o tym, że jestem świadom wszystkiego, co robią, mówią oraz myślą – i czasem to ich odstręcza. Jednak zdarzają się też ludzie, którzy opierają na tej chwalebnej obietnicy całe swoje życie, uważając Moją Obecność za błogosławieństwo przewyższające wszelkie oczekiwania.

Jeżeli skupiasz się na Mojej Obecności, wszystko w twoim życiu układa się tak, jak powinno. Wpatrując się we Mnie oczyma serca, możesz świat wokół zobaczyć z Mojej perspektywy. Fakt, że *z tobą jestem*, sprawia, że każdy moment twojego życia nabiera sensu.

MT 28,20; PS 139,1–4

29 STYCZNIA

SKUPIAJ SIĘ NA MNIE NIEUSTANNIE. Obdarzyłem cię niezwykłą wolnością, w tym wolnością decydowania o tym, na czym koncentruje się twoja uwaga. Tę nadzwyczajną umiejętność mają wyłącznie istoty będące ukoronowaniem dzieła stworzenia; jest ona oznaką tego, iż zostały one stworzone *na Mój obraz*.

Zmuszaj wszelką myśl do poddania się Mi w posłuszeństwo – niech to będzie celem dzisiejszego dnia. Gdy poczujesz się rozkojarzony, pochwyć błądzące myśli i przynieś je do Mnie. W Moim promiennym Świetle niespokojne myśli wątleją i więdną. Rozkoszuj się Moją bezwarunkową Miłością, a zdasz sobie sprawę z krytycznych sądów, które nieświadomie wydajesz. Odpocznij w prostocie Mojego Pokoju, a to, co zagmatwane, stanie się jasne. *Czuwam nad tobą* i zachowuję cię w Pokoju, gdy się na Mnie skupiasz.

Ps 8,6; Rdz 1,26–27; 2 Kor 10,5[*]; Iz 26,3[**]

---

[*] Biblia Warszawska, wyd. cyt.

[**] Biblia Gdańska, wyd. cyt.

30 STYCZNIA

Czcij tylko mnie. To, co najbardziej zajmuje twoje myśli, staje się twoim bogiem. Zmartwienia, jeśli im ulec, stają się bożkami. Niepokój zaczyna żyć własnym życiem i staje się pasożytem umysłu. Wyrwij się z tej niewoli, zapewniając Mnie o swoim zaufaniu i pokrzepiając się w Mojej Obecności. Twój umysł jest niewidoczny i nieodgadniony dla innych, ale Ja nieustannie czytam ci w myślach, szukając dowodów na to, że Mi ufasz. Przepełnia Mnie radość, gdy skupiasz się na Mnie. Pilnie strzeż swoich myśli. Wybierając dla nich właściwe ścieżki, zacieśniasz naszą relację.

Ps 112,7; 1 Kor 13,11

31 STYCZNIA

JESTEM TWOJĄ MOCĄ I TARCZĄ. Obmyślam każdy twój dzień i jego plan jest gotowy na długo zanim wstaniesz z łóżka. Daję ci też siłę, której potrzebujesz na każdym kroku swojej wędrówki. Zamiast zastanawiać się, czy masz wystarczająco dużo energii, i myśleć o tym, co cię czeka, staraj się pozostawać ze Mną w kontakcie. Nasza rozmowa to dla ciebie źródło Mojej Mocy. Nie trać energii na zamartwianie się, a będziesz miał zapas sił.

Gdy zaczynasz się lękać, pamiętaj, że jestem twoją tarczą. Jednak w przeciwieństwie do typowej zbroi, pozostaję czujny i aktywny. Moja Obecność nieustannie cię strzeże, jesteś bezpieczny w obliczu znanych i nieznanych zagrożeń. Oddaj się pod Moją czujną opiekę, która jest najlepszym systemem bezpieczeństwa. *Jestem z tobą i będę cię strzegł, gdziekolwiek się udasz.*

Ps 28,7; Mt 6,34; Ps 56,4–5; Rdz 28,15

Luty

Rozmyślajcie o Panu i Jego potędze, szukajcie zawsze Jego oblicza!

Ps 105,4

1 LUTEGO

Podążaj za mną bez pośpiechu, krok po kroku. To wszystko, czego od ciebie wymagam. Tak naprawdę tylko w ten sposób możesz przemierzać czasoprzestrzeń tego świata. W oddali widzisz ogromne góry i zaczynasz się zastanawiać, jak je przebyć. A ponieważ nie patrzysz pod nogi, potykasz się na prostej drodze, którą cię teraz prowadzę. Gdy pomagam ci wstać, opowiadasz Mi, jak bardzo niepokoją cię te szczyty w oddali. Pamiętaj, że nie wiesz, co przyniesie dzisiejszy, ani tym bardziej jutrzejszy, dzień. Nasza ścieżka może gwałtownie skręcić, omijając wzniesienia. Poza tym niewykluczone, że na szczyt wiedzie jeszcze inna droga, łatwiejsza niż ta, którą widzisz z oddali. Jeśli rzeczywiście postanowię poprowadzić cię szlakiem przez góry, wcześniej odpowiednio cię przygotuję na tę wyczerpującą wspinaczkę. *Ześlę nawet aniołów, aby cię strzegli na wszystkich twoich drogach.*

Skupiaj się na bieżącym etapie podróży, ciesząc się Moją Obecnością. *Postępuj według wiary, a nie dzięki widzeniu*, ufając, że będę stopniowo odkrywał przed tobą twoją drogę.

Ps 18,30; Ps 91,11–12; 2 Kor 5,7

2 LUTEGO

ODNAWIAM TWÓJ UMYSŁ. Gdy twoje myśli płyną swobodnie, zwykle kierują się ku temu, co cię nęka. Zaczepiają się o jakiś problem i krążą wokół niego, próbując nad nim zapanować. Tracisz w ten sposób energię, której potrzebujesz na inne sprawy. Ale najgorsze jest to, że tracisz z pola widzenia Mnie.

Odnowiony umysł koncentruje się na Pokoju. Ćwicz swój umysł, aby szukał Mnie w każdej chwili, w każdej sytuacji. Czasem znajdziesz Mnie w swoim otoczeniu – melodyjnym śpiewie ptaków, uśmiechu ukochanej osoby, złotym świetle słonecznym – a czasem musisz zajrzeć w głąb samego siebie, by Mnie znaleźć. Jestem zawsze w twojej duszy. *Szukaj Mojego Oblicza*, mów do Mnie, a Ja rozświetlę twój umysł.

Rz 12,2; Ps 105,4

3 LUTEGO

Jestem z tobą i dla ciebie. Niczemu nie stawiasz czoła w pojedynkę – niczemu! Wiedz o tym, że gdy czujesz się niespokojny, to znaczy, że koncentrujesz się na widzialnym świecie, tracąc z oczu Mnie. Rozwiązanie jest proste: *wpatruj się nie w to, co widzialne, lecz w to, co niewidzialne*. Wyraź swoje zaufanie do Mnie – *Żyjącego, który widzi cię nieustannie*. Przeprowadzę cię bezpiecznie przez ten dzień i przez wszystkie inne dni. Jednak możesz Mnie znaleźć tylko w teraźniejszości. Każdy dzień to drogocenny podarunek od Mojego Ojca. Gdy masz przed sobą taki dar, niedorzecznie jest wyciągać ręce po podarunki, które otrzymasz w przyszłości. Przyjmij ten dzisiejszy dar z wdzięcznością, delikatnie otwieraj i dokładnie oglądaj. Radując się nim, znajdziesz Mnie.

Rz 8,31; 2 Kor 4,18; Rdz 16,13–14

4 LUTEGO

Przynieś mi swoją słabość, a otrzymasz Mój Pokój. Akceptuj samego siebie i swoją sytuację, pamiętając, że dzierżę zwierzchnią władzę nad światem. Nie zamęczaj się analizowaniem i planowaniem. Niech przez dzisiejszy dzień przeprowadzą cię wdzięczność i zaufanie; dzięki nim będziesz blisko Mnie. Gdy żyjesz w Blasku Mojej Obecności, opromienia cię Mój Pokój. Za jakiś czas przestaniesz zauważać swoją słabość czy siłę, bo to Ja będę w centrum twojej uwagi. Najlepiej ten dzień przeżyjesz, idąc krok w krok za Mną. Kontynuuj tę intymną podróż, wierząc, że ścieżka, którą kroczysz, prowadzi do nieba.

Ps 29,11; Lb 6,24–26; Ps 13,6

5 LUTEGO

SZUKAJ MOJEGO OBLICZA, a znajdziesz nie tylko Moją Obecność, ale też Mój Pokój. Jeśli chcesz go otrzymać, przestań sięgać po więcej i starać się wszystko kontrolować. Przyjmij postawę otwartą i ufną. Jedyne, po co możesz sięgnąć, nie raniąc swojej duszy, to Moja dłoń. Poproś Mojego Ducha, który w tobie mieszka, aby uporządkował twój dzień i kontrolował twoje myśli, ponieważ *zamysł Ducha to Życie i Pokój*.

Możesz do woli cieszyć się Mną i Moim Pokojem, podejmując codziennie tysiące właściwych decyzji. Dylemat, przed którym stajesz najczęściej, dotyczy wyboru między ufnością a zatroskaniem. Powodów do zmartwień nie zabraknie ci nigdy, ale możesz postanowić, że będziesz Mi ufał bez względu na okoliczności. Jestem twoim *najpewniejszym ratunkiem*. Ufaj Mi, *choćby poruszyła się ziemia, choćby góry przeniosły się do mórz*.

Rz 8,6*; Ps 46,2–3**

---

* Biblia Warszawska, wyd. cyt.

** Biblia Gdańska, wyd. cyt.

6 LUTEGO

Przyjdź do mnie i odpocznij. Jestem cały pochłonięty tobą: pokrzepiam cię i zsyłam ci błogosławieństwa. Wdychaj Mnie z każdym swoim oddechem. Droga tuż przed tobą jest bardzo stroma. Zwolnij i mocno chwyć Moją dłoń. Uczę cię rzeczy trudnych, które możesz pojąć tylko poprzez trud.

Unieś puste dłonie wiary, aby przyjąć Moją drogocenną Obecność, która pulsuje Światłem, Życiem, Radością i Pokojem. Gdy przestajesz skupiać się na Mnie, sięgasz po coś innego. Upuszczasz świetlisty dar Mojej Obecności, wyciągając ręce po pozbawione życia prochy. Wróć do Mnie; odzyskaj dar Mojej Obecności.

Mt 11,28–29; 1 Tm 2,8

7 LUTEGO

Przyjdź do mnie, aby odpocząć i zebrać siły. Twoja podróż cię przerasta i w tej chwili jesteś zupełnie wyczerpany. Nie wstydź się swojego zmęczenia; uznaj je za okazję do powierzenia Mi kontroli nad twoim życiem.

Pamiętaj, że *współdziałam z tobą we wszystkim dla twojego dobra*, także w tym, co ci się teraz nie podoba. Zacznij tu, gdzie jesteś – dokładnie w tym miejscu i czasie – akceptując fakt, że chcę, żebyś był właśnie tutaj. Przemierzysz dzisiejszy dzień krok po kroku, minuta po minucie. Twoje główne zadanie polega na tym, aby zważać na Mnie i pozwalać Mi się prowadzić przez liczne rozstaje.

To zadanie może wydawać się łatwe, ale wcale takie nie jest. Twoje pragnienie życia w Mojej Obecności jest wbrew „światu, ciału i szatanowi". To właśnie nieustanna walka z tymi przeciwnikami tak cię wyczerpuje. Ale jesteś na ścieżce, którą dla ciebie wybrałem, więc się nie poddawaj! *Ufaj Mi, bo jeszcze będziesz Mnie wysławiać* za pomoc, którą jest Moja Obecność.

Rz 8,28; Ps 42,12

8 LUTEGO

JESTEM PONAD WSZYSTKIM: ponad twoimi problemami, bólem i całym wirem wydarzeń tego nieustannie zmieniającego się świata. Kiedy wpatrujesz się w Moje Oblicze, wznosisz się ponad to, co cię spotyka, i odpoczywasz ze Mną *na wyżynach niebieskich*. Życie w Świetle Mojej Obecności jest drogą Pokoju. Gwarantuję ci, że na ziemi zawsze będziesz borykał się z problemami, ale nie wolno ci się na nich skupiać. Gdy czujesz, że zaczynasz tonąć w morzu życiowych spraw, powiedz: *„Panie, ratuj mnie"*, a Ja przyciągnę cię do siebie. Nie zniechęcaj się, jeśli musisz wypowiadać te słowa tysiące razy dziennie. Znam twoją słabość i właśnie w tej słabości się z tobą spotykam.

EF 2,6; MT 14,28–32

9 LUTEGO

Szukaj mojego oblicza z coraz większą gorliwością. Tak naprawdę dopiero zaczynasz podróż, jaką jest nasza bliskość. Nie będzie ci łatwo, ale przed tobą wspaniała i zaszczytna droga: droga poszukiwacza skarbu. Tym Skarbem jestem Ja, a Chwała Mojej Obecności rozświetla cały szlak. Ale napotykasz też trudności. Odmierzam je z wielką rozwagą i delikatnością, i zawsze podaję w idealnych dawkach. Nie cofaj się przed nimi, gdyż są to moje najcenniejsze dary. *Miej ufność i się nie lękaj, bo jestem twoją Mocą i Pieśnią.*

Ps 27,8; 2 Kor 4,7; Iz 12,2

10 LUTEGO

Ufaj mi na tyle, aby spędzać ze Mną dość czasu z dala od tego, czego wymaga od ciebie codzienność. Nie czuj się winny z powodu czegoś, co sprawia tak wielką przyjemność Mnie, Królowi wszechświata. Ponieważ jestem wszechmocny, mogę naginać czas i zdarzenia na twoją korzyść. Przekonasz się, że po spędzeniu kilku chwil w łączności ze Mną, zdziałasz *więcej* w krótszym czasie. A oprócz tego, w miarę jak będziesz przyjmował Moją perspektywę, zaczniesz widzieć, co jest ważne, a co nie.

Nie wpadaj w pułapkę, którą jest nieustanna aktywność. Wiele z tego, co ludzie robią w Moje Imię, nie ma w Moim królestwie żadnego znaczenia. Jeśli nie chcesz podejmować niepotrzebnych działań, bądź ze Mną w stałym kontakcie. *Pouczę cię i wskażę drogę, którą pójdziesz; umocnię Moje spojrzenie na tobie.*

Łk 10,41–42; Ps 32,8

11 LUTEGO

MÓJ POKÓJ jest niczym złocista poświata, która opromienia cię w każdej chwili życia. Jej blask – choć często niezauważalny w słoneczne dni – staje się wyraźny, gdy wokół zapada ciemność. Traktuj te mroczne chwile jako szansę, by Moje Światło zajaśniało w całej swojej przewyższającej wszystko wspaniałości. Uczę cię zachowywać Pokój, który zwycięża ciemność. Współpracuj w tym ze Mną. *Nie trać sił i nie upadaj na duchu.*

J 1,4–5; HBR 12,3*

---

* Biblia Warszawsko-Praska, Warszawa 1975.

12 LUTEGO

JESTEM BARDZO BLISKO CIEBIE, nachylam się nad tobą, czytam każdą twoją myśl. Ludzie sądzą, że myśli są ulotne i bezwartościowe, ale twoje myśli mają dla Mnie ogromną wartość. Uśmiecham się, gdy myślisz o Mnie z miłością. Mój Duch, który w tobie żyje, pomaga ci myśleć w sposób zgodny z Moim upodobaniem. Stajesz się taki, jak twoje myśli.

Niech twoje myśli skupiają się na Mnie jako pozytywnej wartości. Gdy na Mnie patrzysz, wiedząc, że jestem Emmanuel, *Bóg z tobą*, czujesz Radość. Jest to zgodne z Moim przedwiecznym planem związanym ze stworzeniem człowieka. Współczesny człowiek skupia się jednak na czymś innym: na sporcie, doznaniach, nabywaniu nowych dóbr. Reklama czerpie korzyści z tego, że ludzie pragną znaleźć pozytywną wartość, na której będą mogli się koncentrować. Zasiałem tę potrzebę w człowieczej duszy, wiedząc, że tylko Ja mogę ją w pełni zaspokoić. *Raduj się we Mnie, a spełnię pragnienia twojego serca.*

Mt 1,23; Ps 37,4

13 LUTEGO

POKÓJ Z TOBĄ! To Moje sztandarowe zawołanie, którym od momentu zmartwychwstania pokrzepiam każdego, kto Mnie pragnie. Posiedź przez kilka chwil w ciszy, niech Mój Pokój przeniknie cię i otuli Moją kochającą Obecnością. Aby ofiarować ci ten świetlisty dar, umarłem śmiercią zbrodniarza. Przyjmij *Mój Pokój* w obfitości i z wdzięcznym sercem. To rzadki klejnot, który olśniewa subtelnym pięknem, a jednocześnie jest tak mocny, że nie zmiażdży go żaden ciężar. Noś go z królewskim dostojeństwem. Dzięki niemu twoje serce i umysł będą blisko Mnie.

J 20,19; J 14,27

14 LUTEGO

Oddaj się bez reszty przygodzie dzisiejszego dnia. Idź odważnie ścieżką Życia, polegając na swoim nieodłącznym Towarzyszu. Masz wszelkie powody ku temu, aby śmiało kroczyć przed siebie, ponieważ jestem z tobą w każdym dniu twojego życia – przez całą wieczność. Nie dopuść do tego, aby opanował cię strach lub przygniotły troski – zarówno strach, jak i troski to złodzieje obfitości życia. Ufaj Mi na tyle, aby nie myśleć o problemach zawczasu. Stawiaj im czoła w chwili, gdy się pojawiają. *Patrz na Mnie, który ci w wierze przewodzi i ją wydoskonala*, a wiele przeszkód zniknie, zanim do nich dotrzesz. Gdy tylko ogarnia cię strach, pamiętaj, że *trzymam cię za prawicę*. Nic nie może rozłączyć cię z Moją Obecnością!

Hbr 12,2; Iz 41,13

15 LUTEGO

PRZYJDŹ DO MNIE ze wszystkimi swoimi słabościami: fizycznymi, emocjonalnymi i duchowymi. Odpocznij w Mojej kojącej Obecności, pamiętając, że *nie ma dla Mnie nic niemożliwego*.

Oderwij swój umysł od problemów, aby skupić się na Mnie. Pamiętaj, że *mogę uczynić nieskończenie więcej, niż prosisz czy rozumiesz*. Jednak zamiast przekonywać Mnie, abym zrobił to czy tamto, staraj się dostroić do tego, co j u ż czynię.

Gdy w twoje myśli wdziera się niepokój, przypomnij sobie, że *jestem twoim Pasterzem*, co oznacza, że się tobą opiekuję; nie musisz się więc niczego obawiać. Zrezygnuj z prób zapanowania nad swoim życiem i poddaj się Mojej woli. Choć może się to wydawać przerażające, a nawet groźne, Moja wola jest dla ciebie najbezpieczniejszym schronieniem.

ŁK 1,37; EF 3,20–21; PS 23,1–4

16 LUTEGO

Dziękuj mi za okoliczności, które zmuszają cię do tego, aby się *zatrzymać*. Nie psuj tych cichych godzin, marząc o tym, aby już minęły, i niecierpliwie wyczekując powrotu do aktywności. Niektóre z dzieł o największym znaczeniu w Moim królestwie powstały w łóżkach chorych i celach więźniów. Zamiast oburzać się na ograniczenia osłabionego ciała, szukaj Mnie w tej właśnie sytuacji, w której się znalazłeś. Ograniczenia mogą dawać wolność, jeśli twoim najsilniejszym pragnieniem jest życie w bliskości ze Mną.

Cisza i ufność wzmacniają twoją świadomość Mojej Obecności przy tobie. Nie gardź tymi prostymi formami służby. Choć czujesz się odcięty od tego, co dzieje się w świecie, twoja cicha ufność jest czymś wielkim w duchowym królestwie. *Pełnia Mej Mocy okazuje się w słabości.*

Za 2,13; Iz 30,15; 2 Kor 12,9*

---

* Biblia Warszawska, wyd. cyt.

17 LUTEGO

JAM JEST TEN, KTÓRY ZMARTWYCHWSTAŁ. Moje Światło opromienia cię w każdej chwili życia. Czcisz żyjące Bóstwo, a nie pogański posążek wykonany ludzką ręką. Twoja relacja ze Mną powinna być dynamiczna i pełna wyzwań, w miarę jak zagarniam coraz liczniejsze sfery twojego życia. Nie bój się zmian, bo czynię cię *nowym stworzeniem. To, co dawne, mija, a oto wszystko staje się nowe.* Gdy trzymasz się starych przyzwyczajeń i wydeptanych ścieżek, opierasz się temu, czego pragnę w tobie dokonać. Chcę, abyś przyjął wszystko, co robię w twoim życiu, i tylko we Mnie szukał bezpieczeństwa.

Łatwo jest uczynić bożkiem rutynę i znajdować bezpieczeństwo w granicach, w których sam zamykasz swoje życie. Chociaż doba ma zawsze dwadzieścia cztery godziny, każdy dzień jest niepowtarzalny. Nie próbuj wtłaczać dnia dzisiejszego we wczorajszą formę. Lepiej poproś Mnie, abym otworzył ci oczy, żebyś był w stanie znaleźć wszystko, co dla ciebie przygotowałem w tym cennym dniu Życia.

MT 28,5–7; 2 KOR 5,17

18 LUTEGO

JESTEM POŚRÓD CIEBIE. Te trzy słowa są jak siatka bezpieczeństwa, która nie pozwala ci wpaść w rozpacz. Ponieważ jesteś człowiekiem, zawsze będziesz miewał wzloty i upadki. Jednak obietnica Mojej Obecności chroni cię przed upadkiem w głęboką otchłań. Czasem, gdy zawodzą cię ludzie lub rzeczy, na które liczyłeś, masz wrażenie, że twoje życie to swobodny spadek. Jednak gdy tylko uświadamiasz sobie, że *jestem pośród ciebie*, całkowicie zmieniasz punkt widzenia. Zamiast lamentować nad swoją sytuacją, możesz szukać u Mnie pomocy. Przypominasz sobie, że nie tylko jestem z tobą, ale też *trzymam cię za twoją prawicę. Prowadzę cię według swojej rady i przyjmę cię na koniec do chwały*. I właśnie taką perspektywę powinieneś przyjąć – opartą na cudownej nadziei nieba i pociesze płynącej z Mojej Obecności.

So 3,17; Ps 73,23–26

19 LUTEGO

Czujesz się przytłoczony ogromem problemów, zarówno tych dużych, jak i małych. Wszystkie coraz gwałtowniej domagają się twojej uwagi, ale nie wolno ci ulegać tym żądaniom. Gdy masz wrażenie, że życiowe trudności cię osaczają, uwolnij się, spędzając ze Mną czas sam na sam. Przypomnij sobie, kim jestem w całej Mojej Mocy i Chwale, i pokornie przedstaw Mi swoje modlitwy i prośby. Twoje problemy zbledną, gdy spojrzysz na nie w Świetle Mojej Obecności. Możesz nauczyć się *weselić we Mnie, swoim Zbawicielu* nawet w obliczu przeciwności. Polegaj na Mnie, *swojej Sile. Czynię twoje nogi podobne jelenim, prowadzę cię na wyżyny.*

Wj 3,14; Ha 3,17–19

20 LUTEGO

Naucz się żyć, traktując Mnie jako Źródło wszystkiego. Mieszkam w najgłębszych zakamarkach twojej istoty, w wiekuistej jedności z twoim duchem. I właśnie na tym głębokim poziomie Mój Pokój króluje nieustannie. Nie znajdziesz trwałego pokoju w świecie wokół, w życiowych okolicznościach i relacjach międzyludzkich. Świat zewnętrzny – dotknięty klątwą śmierci i rozkładu – podlega nieustannym zmianom. Ale głęboko w twoim wnętrzu kryje się złota kopalnia Pokoju, z której możesz czerpać, kiedy tylko chcesz. Bez pośpiechu zagłęb się w bogactwa Mojej Obecności, którą w sobie nosisz. Chcę, żebyś coraz częściej traktował Mnie jako Źródło, w którym wszystko się zaczyna. Tam Moja Miłość trzyma cię w wiekuistych objęciach. *Jestem pośród ciebie – nadzieja Chwały.*

Kol 3,15; Kol 1,27

21 LUTEGO

ZAUFANIE I WDZIĘCZNOŚĆ przeprowadzą cię bezpiecznie przez dzisiejszy dzień. Zaufanie chroni cię przed zatroskaniem i obsesyjnymi myślami, a wdzięczność przed krytykanctwem i narzekaniem – "siostrzanymi grzechami", które tak łatwo zniewalają.

Wpatrywanie się we Mnie jest równoznaczne z ufaniem Mi. To wolny wybór, którego trzeba dokonywać tysiące razy w ciągu dnia. Im częściej decydujesz się Mi ufać, tym łatwiej ci to przychodzi. Schematy myślowe oparte na zaufaniu staną się z czasem utartym szlakiem. Zepchnij kłopoty na obrzeża umysłu, abym to Ja mógł zajmować w nim centralne miejsce. Skupiaj się na Mnie, powierzając Mi swoje troski.

Kol 2,6–7; Ps 141,8; 1 P 5,7

22 LUTEGO

POTRZEBUJESZ MNIE W KAŻDEJ CHWILI. Świadomość tego jest twoją największą siłą. Jeżeli dobrze wykorzystasz to, że jesteś w potrzebie, możesz bardzo się do Mnie zbliżyć. Ale musisz uważać na pułapki, do których należą rozczulanie się nad sobą, dawanie za wygraną i zaabsorbowanie własną osobą. Twoja nieudolność oznacza nieustanną konieczność wyboru: albo całkowicie zdasz się na Mnie, albo popadniesz w rozpacz. Pustka, którą w sobie czujesz, zapełni się albo Moją Obecnością, albo problemami. Niech twoja świadomość skupi się na Mnie przez *nieustanną modlitwę*. Zanoś Mi krótkie, proste modły płynące z potrzeby chwili. Po wielokroć wypowiadaj Moje imię, aby przypominać sobie o Mojej Obecności. *Proś, a otrzymasz, aby radość twoja była pełna.*

1 TES 5,17; J 16,24

23 LUTEGO

UWAŻAJ, aby nie wpaść w otchłań rozczulania się nad sobą. Ta demoniczna pułapka jest największym niebezpieczeństwem, jakie ci zagraża, gdy jesteś wyczerpany lub słaby. Nawet się do niej nie zbliżaj. Ziemia błyskawicznie się osuwa i zanim zdążysz się zorientować, już lecisz w dół. A wydostać się stamtąd jest o wiele trudniej, niż zachować bezpieczną odległość. Dlatego właśnie radzę ci, abyś był ostrożny.

Istnieje kilka sposobów na uchronienie się przed rozczulaniem się nad sobą. Rzeczą niemożliwą jest, abyś użalał się nad sobą, gdy jesteś zajęty chwaleniem Mnie i dziękczynieniem. Poza tym, im bardziej się do Mnie zbliżasz, tym bardziej oddalasz się od tej otchłani. *Patrz na Mnie*, a będziesz *chodził w świetle Mojego oblicza*. Wtedy będziesz mógł *wytrwale biec w wyznaczonych ci zawodach* bez potykania się i przewracania.

Ps 89,16-17; Hbr 12,1-2

24 LUTEGO

Trwaj w świetle Mojej Obecności, a Ja będę dawał wyraz Mojej do ciebie Miłości. W całym wszechświecie nie ma siły, która mogłaby się równać z Moją Miłością. Nieustannie jesteś świadom ograniczeń: zarówno własnych, jak i cudzych. Ale Moja Miłość jest nieograniczona: wypełnia przestrzeń, czas i wieczność.

Teraz widzisz jakby w zwierciadle, niejasno, ale któregoś dnia spotkasz się ze Mną twarzą w Twarz. Dopiero wówczas w pełni pojmiesz, *jak szeroka, długa, wysoka i głęboka jest Moja Miłość do ciebie.* Gdybyś zrozumiał to teraz, ogrom ten przytłoczyłby cię. Ale – mogę ci to bezwzględnie zagwarantować – masz przed sobą całą wieczność na rozkoszowanie się Moją Obecnością w radosnym uniesieniu. A póki co świadomość Mojej kochającej Obecności przeprowadzi cię przez każdy kolejny dzień.

1 Kor 13,12; Ef 3,16–19

25 LUTEGO

Odpocznij w mojej obecności, pozwalając Mi przejąć kontrolę nad dzisiejszym dniem. Nie rzucaj się w jego wir jak koń wyścigowy, którego właśnie wypuszczono z boksu, lecz przebądź ten dzień świadomie, wraz ze Mną, pozwalając, abym wskazywał ci drogę krok po kroku. Dziękuj Mi za każde błogosławieństwo, które spotyka cię na drodze; to przynosi Radość zarówno tobie, jak i Mnie. Wdzięczność chroni cię przed negatywnym myśleniem i pozwala dostrzec obfitość dóbr, którymi codziennie cię obdarzam. Twoje modlitwy i prośby wzlatują w niebiosa i sięgają niebieskiego tronu, gdy przenika je dziękczynienie. *W każdym położeniu dziękuj, taka jest bowiem Moja wola względem ciebie.*

Kol 4,2; 1 Tes 5,18

26 LUTEGO

Prowadzę cię, krok po kroku, przez twoje życie. Z ufnością trzymaj Moją dłoń, podążając za Mną ścieżką dnia dzisiejszego. Twoja przyszłość wydaje się niepewna i niejasna – a nawet groźna. I tak właśnie powinno być. *Rzeczy ukryte należą do Pana*, a rzeczy przyszłe to rzeczy ukryte. Próbując przeniknąć przyszłość, sięgasz po to, co należy do Mnie. Jak wszelkie strapienie, jest to przejaw buntu: wątpisz, że roztaczam nad tobą opiekę, którą ci obiecałem.

Ilekroć zaczynasz się martwić o przyszłość, okaż skruchę i wróć do Mnie. Wskażę ci kolejny krok, potem kolejny i kolejny. Rozluźnij się i raduj podróżą w Mojej Obecności, ufając, że będę stopniowo odkrywał przed tobą twoją drogę.

Pwt 29,28; Ps 32,8

27 LUTEGO

Patrz na mnie! Zalewają cię fale problemów i czujesz pokusę, aby się poddać. Przeciwności pochłaniają coraz więcej twojej uwagi i tracisz Mnie z oczu. Ale Ja *jestem zawsze przy tobie i trzymam cię za prawicę*. Jestem świadom twojej sytuacji *i nie dozwolę kusić cię ponad to, co potrafisz znieść*.

Największym niebezpieczeństwem, jakie ci grozi, jest zamartwianie się o to, co będzie jutro. Jeżeli już dziś będziesz niósł na sobie ciężar jutra, zaczniesz się potykać i w końcu upadniesz. Musisz nakazać sobie życie dniem dzisiejszym. Idę przy tobie właśnie w tej chwili, pomagając ci nieść twój ciężar. Skupiaj się na Mojej Obecności, teraz.

Ps 73,23; 1 Kor 10,13

28 LUTEGO

Przestań się osądzać i oceniać, ponieważ nie to jest twoim zadaniem. A przede wszystkim przestań się porównywać do innych – budzi to w tobie pychę lub poczucie niższości, a czasem i jedno, i drugie. Każde z moich dzieci prowadzę ścieżką, którą wybrałem właśnie dla niego. Porównywanie się do innych jest nie tylko niewłaściwe, ale też pozbawione sensu.

Nie szukaj potwierdzenia swojej wartości w nieodpowiednich miejscach, czyli we własnych lub cudzych ocenach. Jedynym prawdziwym potwierdzeniem twojej wartości jest Moja bezwarunkowa Miłość. Wielu wierzących postrzega Mnie jako nieprzejednanego Sędziego, który gniewnie wyszukuje wszystkie wady i porażki. Nie ma w tym obrazie ani krzty prawdy! Umarłem za twoje grzechy, aby *przyodziać cię w szaty zbawienia*. I właśnie takiego cię widzę: *okrytego płaszczem sprawiedliwości*. Kiedy cię karcę, nie robię tego z gniewem czy odrazą; czynię to, aby przygotować cię na obcowanie ze Mną twarzą w Twarz przez całą wieczność. Niech Moja kochająca Obecność przeniknie cię całego. Bądź czuły na Moje zapewnienia o twojej wartości, które płyną nieustannie z tronu łaski.

Łk 6,37; J 3,16–17; Iz 61,10; Prz 3,11–12

29 LUTEGO

Jesteś na właściwej drodze. Słuchaj częściej Mnie, a rzadziej swoich wątpliwości. Prowadzę cię ścieżką, którą wyznaczyłem tylko dla ciebie. A zatem z ludzkiego punktu widzenia odbywasz samotną podróż. Ale Ja kroczę tuż obok, a jednocześnie idę przodem, więc nigdy nie jesteś sam. Nie spodziewaj się, że ktokolwiek w pełni zrozumie to, jak się z tobą obchodzę; sam też nie jesteś w stanie zrozumieć Moich poczynań wobec innych. Odkrywam przed tobą drogę Życia dzień po dniu, minuta po minucie. Powtarzam ci to, co powiedziałem Mojemu uczniowi Piotrowi: *Pójdź za Mną*.

Ps 119,105; J 21,22

MARZEC

*A kiedy wszystkie wyprowadzi, staje na ich czele,
a owce postępują za nim, ponieważ głos jego znają.*

J 10,4

1 MARCA

GDY JAKIŚ ASPEKT TWOJEGO ŻYCIA LUB JAKAŚ MYŚL budzi w tobie niepokój, przyjdź do Mnie i powiedz Mi o tym. Przedstaw Mi swoją *modlitwę i błagania z dziękczynieniem*, mówiąc: „Dziękuję Ci, Jezu, że dajesz mi okazję do tego, aby ufać Ci jeszcze bardziej". Choć uczę cię zaufania, zsyłając ci trudności, korzyści płynące z tych lekcji są warte twojego wysiłku.

Głęboka ufność przyniesie ci wiele błogosławieństw, w tym Mój Pokój. Obiecałem, że *zachowam cię w Pokoju*, jeśli będziesz Mi ufał. Świat uczy cię czegoś zupełnie innego, twierdząc, że pokój jest dany osobom, które mają dość pieniędzy, dóbr materialnych, polis i zabezpieczeń. Jednak Mój Pokój jest tak wszechogarniający, że pozostaje niezależny od okoliczności. Jeśli go osiągniesz, będziesz bogaty, choćbyś stracił wszystko.

FLP 4,6; IZ 26,3[*]

---

[*] Biblia Gdańska, wyd. cyt.

2 MARCA

JAM JEST ZMARTWYCHWSTANIE I ŻYCIE; to ze Mnie emanuje wszelkie nieprzemijające Życie. Ludzie szukają życia na wiele niewłaściwych sposobów: gonią za krótkotrwałymi przyjemnościami, gromadzą dobra materialne i bogactwa, próbują opierać się nieuchronnym skutkom starzenia. Tymczasem Ja daję obfite Życie każdemu, kto się do Mnie zwraca. Napełniam cię nim, gdy *przychodzisz do Mnie i bierzesz na siebie Moje jarzmo*. Właśnie w ten sposób chcę żyć w świecie i osiągać Moje cele. Właśnie w ten sposób obdarzam cię *Radością niewymowną i pełną Chwały*. Radość jest Moja i Chwała jest Moja, ale ofiarowuję ci je, gdy idziesz przez świat ze Mną, goszcząc w sobie pełnię Mojego Życia.

J 11,25*; Mt 11,28–29; 1 P 1,8–9

---

* Biblia Warszawska, wyd. cyt.

3 MARCA

KOCHAM CIĘ ZA TO, KIM JESTEŚ, a nie za to, co robisz. Wiele głosów walczy o panowanie nad twoim umysłem, zwłaszcza w chwilach wyciszenia. Musisz nauczyć się odróżniać od nich Mój głos. Poproś o tę umiejętność Mojego Ducha. Wiele Moich dzieci biega w kółko, starając się podążać za rozmaitymi głosami, które mówią im, jak żyć. Skutkiem tego jest rozpadające się, frustrujące życie. Nie wpadnij w tę pułapkę. Trzymaj się blisko Mnie, słuchaj Moich poleceń i ciesz się Moim towarzystwem. Nie daj się zapętlić innym głosom. *Moje owce znają Mój głos i idą wszędzie, gdzie je prowadzę.*

EF 4,1–6; J 10,4

4 MARCA

ODRZUĆ TROSKI! Na tym świecie zawsze znajdzie się coś, co będzie budziło twój niepokój. Taka jest natura zepsutego, popękanego świata: sprawy nie wyglądają tak, jak powinny. Zatem pokusa niepokoju towarzyszy ci nieustannie, próbując wkraść się do twojego umysłu. Najlepszą obroną jest nieustanna rozmowa ze Mną, gęsto poprzetykana dziękczynieniem. Świadomość Mojej Obecności napełnia twój umysł Światłem i Pokojem, które wypierają strach, i sprawia, że możesz wznieść się ponad swoją obecną sytuację i spojrzeć na problemy z Mojej perspektywy. Żyj blisko Mnie! Razem jesteśmy w stanie trzymać na dystans wilki trosk.

ŁK 12,25–26; 1 TES 5,16–18

5 MARCA

Zaprzyjaźnij się ze swoimi życiowymi problemami. Choć wiele spraw wydaje się dziełem przypadku lub niesprawiedliwym zrządzeniem losu, pamiętaj, że sprawuję nad wszystkim zwierzchnią władzę. *Współdziałam z tobą we wszystkim dla twojego dobra*, ale tylko wtedy, gdy darzysz Mnie zaufaniem. Wszystkie twoje problemy mogą cię czegoś nauczyć, stopniowo przemieniając cię w arcydzieło, które miałem w zamyśle, stwarzając cię. Te same problemy staną się kłodą, na której się przewrócisz, jeśli zareagujesz nieufnością i nieposłuszeństwem. Zaufać czy stawiać opór – wybór należy do ciebie; będziesz musiał go dokonywać wiele razy w ciągu dnia.

Jeśli chcesz zaprzyjaźnić się ze swoimi problemami, po prostu dziękuj Mi, że je zesłałem. Ta prosta czynność otworzy twój umysł na możliwość czerpania korzyści z kłopotów. Uporczywym problemom możesz nawet nadać przydomki – dzięki temu staną ci się bliższe i przestaną budzić grozę. Przedstaw Mi je i pozwól, abym je objął Moją kochającą Obecnością. Być może nie odsunę od ciebie twoich problemów, ale Moja mądrość jest tak wielka, że mogę wykrzesać dobro z każdego z nich.

Rz 8,28; 1 Kor 1,23–24

6 MARCA

POZOSTAŃ ZE MNĄ NA TEJ ŚCIEŻCE, ciesząc się Moją Obecnością nawet w obliczu przeciwności. Idę zawsze przed tobą, a jednocześnie tuż obok. Usłysz, jak cię wołam: chodź! Podążaj za Mną. Ten, który kroczy przed tobą, torując ci drogę, jest jednocześnie Tym, który idzie tuż obok i nigdy nie puszcza twojej ręki. Nie podlegam ograniczeniom czasowym i przestrzennym. Jestem wszędzie w każdej chwili i nieustannie działam dla twojego dobra. Dlatego najlepsze, co możesz zrobić, to ufać Mi i żyć blisko Mnie.

HBR 7,25; PS 37,3-4

7 MARCA

Polegaj na mojej pomocy, przemierzając dzisiejszy dzień. Wyzwania, przed którymi stoisz, są zbyt wielkie, abyś mógł sobie z nimi poradzić w pojedynkę. Jesteś w pełni świadomy swojej bezradności w sytuacji, w jakiej się znalazłeś. Ta świadomość otwiera przed tobą dwie drogi: albo będziesz uparcie szedł sam, albo pójdziesz ze Mną, pokornie zdając się na Mnie. Tak naprawdę stoisz przed tym wyborem w każdej chwili swojego życia, ale trudności podkreślają znaczenie podejmowania decyzji. A więc *poczytuj sobie za najwyższą radość, ilekroć przechodzisz rozmaite próby*. Są to podarunki, które ci zsyłam, abyś pamiętał, że powinieneś polegać wyłącznie na Mnie.

Ps 63,8–9; Jk 1,2–3[*]

---

[*] Biblia Warszawska, wyd. cyt.

8 MARCA

Oszczędzaj siły na poszukiwanie mojego oblicza. Porozumiewam się z tobą nieustannie. Aby Mnie znaleźć i usłyszeć Mój głos, musisz pragnąć Mnie bardziej niż czegokolwiek innego. Wszystko, na czym zależy ci bardziej niż na Mnie, staje się bożkiem. Gdy chcesz za wszelką cenę postawić na swoim, wymazujesz Mnie ze swojej świadomości. Zamiast uparcie dążyć do jakiegoś celu, porozmawiaj o nim ze Mną. Pozwól, aby Światło Mojej Obecności opromieniło twoje dążenia, dzięki czemu będziesz mógł na nie spojrzeć z Mojej perspektywy. Jeżeli twój cel wpisuje się w Moje plany względem ciebie, pozwolę ci go osiągnąć. Jeśli zaś przeczy Mojej woli, będę stopniowo zmieniał pragnienie twojego serca. *Staraj się naprzód* – i przede wszystkim – *o Mnie*; cała reszta twojego życia się ułoży – kawałek po kawałku.

1 Krn 16,11; Mt 6,33

9 MARCA

Odpocznij w Mojej promiennej obecności. Świat zdaje się kręcić coraz szybciej i szybciej, aż wszystko wokół się rozmywa. Jednak w centrum twojego życia – w miejscu, gdzie trwasz w jedności ze Mną – znajduje się poduszka spokoju. Wracaj w to kojące miejsce jak najczęściej, ponieważ właśnie tam nabierasz sił – napełniasz się Moją Miłością, Radością i Pokojem.

Świat cierpi niedostatek; nie szukaj tam środków do życia. Naucz się polegać tylko na Mnie, a twoja słabość nasyci się Moją Mocą. Gdy znajdziesz we Mnie swoją własną pełnię, będziesz mógł pomagać innym, nie wykorzystując ich do zaspokajania własnych potrzeb. Żyj w Świetle Mojej Obecności, a twój blask będzie rozświetlał życie ludzi wokół.

Ga 5,22; 1 J 4,12

10 MARCA

Będziesz mój po kres czasu – i jeszcze dłużej, po wieczność. Żadna siła nie może pozbawić cię twojego dziedzictwa w niebie. Chcę, żebyś zdał sobie sprawę, że jesteś w pełni bezpieczny! Nawet jeśli się zachwiejesz, idąc przez życie, nigdy nie puszczę twojej ręki.

Świadomość, że twoja przyszłość jest zapewniona, może cię wyzwolić do życia w obfitości. Przygotowałem dla ciebie ten dzień z najczulszą troską i dbałością o szczegóły. Zamiast traktować go jako białą kartkę, którą musisz zapisać, bądź otwarty i czujny: staraj się dostrzec wszystko, co robię w twoim życiu. To może się wydawać łatwe, ale wymaga głębokiego zaufania opartego na przekonaniu, że *Moja droga jest nieskalana*.

Ps 37,23–24; Ps 18,31

11 MARCA

PIELGRZYMUJ W WIERZE, a nie tylko rozglądaj się wokół siebie. Jeśli będziesz kroczyć w wierze, całkowicie zdając się na Mnie, pokażę ci, ile mogę dla ciebie zrobić. Żyjąc zachowawczo, nigdy nie poznasz ekscytacji towarzyszącej ludziom, przez których działam. Ponieważ ofiarowałem ci swojego Ducha, możesz przekraczać granice swoich przyrodzonych możliwości i sił. Właśnie dlatego nie powinieneś oceniać poziomu swojej energii pod kątem wyzwań, które przed tobą stoją. Nie twoja siła odgrywa tu kluczową rolę, lecz Moja, a ta jest nieograniczona. Idąc tuż obok Mnie, możesz osiągnąć Moje cele za sprawą Mojej Mocy.

2 KOR 5,7*; GA 5,25

---

* Biblia Warszawska, wyd. cyt.

12 MARCA

CZEKANIE, UFNOŚĆ I NADZIEJA są ze sobą ściśle związane, jak złote druciki splecione w mocny łańcuch. Zasadniczą częścią łańcucha jest ufność, bo właśnie ufność najbardziej pragnę zobaczyć u swoich dzieci. Czekanie i nadzieja zdobią i wzmacniają cały łańcuch, który łączy cię ze Mną. Gdy z oczami zwróconymi ku Mnie czekasz, aż zacznę działać, udowadniasz, że naprawdę Mi ufasz. Jeśli zaś bezgłośnie mówisz: „Ufam Tobie", ale nerwowo próbujesz postawić na swoim, twoje słowa brzmią nieszczerze. Nadzieja zwraca się ku przyszłości, łącząc cię z twoim dziedzictwem w niebie, ale korzyści z niej płynących doświadczasz już teraz.

Ponieważ jesteś Mój, nie czekasz bezczynnie. Możesz czekać na Mnie z wytęsknieniem, w pełnej ufności nadziei. Ustaw swoje „anteny" tak, by wyłapywały nawet najsłabszy sygnał Mojej Obecności.

J 14,1; Ps 27,14; Hbr 6,18–20

13 MARCA

NAUCZ SIĘ ŻYĆ ponad tym, co ci się przydarza. Żeby tak się stało, musisz poświęcać czas na ciche spotkania ze Mną – *Tym, który zwyciężył świat*. Kłopoty i cierpienie są trwale wplecione w tkaninę tego ginącego świata. Możesz stawiać im czoła, *nie tracąc ducha*, tylko pod warunkiem, że pozwolisz Mi w sobie mieszkać.

Gdy trwasz przy Mnie w ciszy, opromieniam Moim Pokojem twój zatroskany umysł i niespokojne serce. Stopniowo uwalniasz się z ziemskich okowów i wznosisz ponad to, co ci się przydarza. Zaczynasz patrzeć na życie z Mojej perspektywy, dzięki czemu jesteś w stanie odróżniać rzeczy ważne od nieważnych. Odpocznij w Mojej Obecności, *przyjmując Radość, której nikt nie zdoła ci odebrać*.

J 16,33[*]; J 16,22

---

[*] Biblia Warszawsko-Praska, wyd. cyt.

14 MARCA

Nie wahaj się przyjąć ode mnie radości, ponieważ chcę cię nią hojnie obdarować. Im częściej przy Mnie odpoczywasz, tym szczodrzej ci błogosławię. W Świetle Mojej Miłości stopniowo *przemieniasz się z chwały w chwałę*. To właśnie spędzając ze Mną czas, odkrywasz, *jak szeroka, długa, wysoka i głęboka jest Moja Miłość do ciebie*.

Relacja, którą ci oferuję, czasem wydaje się zbyt piękna, aby mogła być prawdziwa. Napełniam cię swoim Życiem i jedyne, co musisz zrobić, to Mnie przyjąć. W świecie, gdzie należy pracować i brać, upomnienie, aby odpoczywać i przyjmować, wydaje się zbyt mało wymagające. Między przyjmowaniem a wiarą istnieje ścisły związek: jeśli ufasz Mi ze wszystkich sił, możesz przyjmować Mnie i Moje błogosławieństwa w pełnej obfitości. *Zatrzymaj się i we Mnie uznaj Boga*.

2 Kor 3,18*; Ef 3,17–19; Ps 46,11

---

* Biblia Warszawska, wyd. cyt.

15 MARCA

WSŁUCHAJ SIĘ W MIŁOSNĄ PIOSENKĘ, którą śpiewam ci nieustannie. *Raduję się wielce nad tobą... Weselę się nad tobą z śpiewaniem.* Głosy świata tworzą chaotyczną kakofonię i pchają cię to w jedną, to w drugą stronę. Nie słuchaj ich; zadaj im kłam orężem Mojego Słowa. Naucz się robić sobie krótkie przerwy od świata i znajdować miejsca, w których możesz trwać w Mojej Obecności i słuchać Mojego głosu.

Na tych, którzy Mnie słuchają, czekają ukryte skarby o wielkiej wartości. Choć nieustannie zsyłam ci rozmaite dary, niektórych z Moich najhojniejszych błogosławieństw musisz sam szukać. Bardzo lubię odkrywać się przed tobą, a twoje szukające serce otwiera się na przyjęcie tego, co ci o sobie objawiam. *Proś, a będzie ci dane; szukaj, a znajdziesz; kołacz, a otworzą ci.*

So 3,17*; Mt 7,7

---

* Biblia Gdańska, wyd. cyt.

16 MARCA

To dobrze, że zdajesz sobie sprawę ze swojej słabości. Dzięki temu wpatrujesz się we Mnie, twoją Siłę. Obfite życie to niekoniecznie zdrowie i bogactwo; obfite życie to ciągłe poleganie na Mnie. Zamiast starać się wtłoczyć dzisiejszy dzień w przygotowaną wcześniej formę, rozluźnij się i szukaj przejawów Mojego działania. Takie nastawienie da ci wolność, dzięki której będziesz mógł się Mną cieszyć i znajdziesz wszystko, co dla ciebie przygotowałem. To zdecydowanie lepsze od usilnych starań, aby dzień przebiegał zgodnie z twoim planem.

Nie traktuj siebie samego tak poważnie. Rozchmurz się i śmiej się ze Mną. Masz Mnie po swojej stronie, więc czym się martwisz? Mogę przygotować cię na absolutnie każde wyzwanie, jeśli będzie ono zgodne z Moją wolą. Im więcej trudności napotykasz danego dnia, tym bardziej pragnę ci pomóc. Niepokój więzi cię w klatce twoich myśli, sprawiając, że koncentrujesz się tylko na sobie. Wyzwalasz się i przyjmujesz Moją pomoc, gdy zwracasz się do Mnie i wypowiadasz szeptem Moje Imię. Skupiaj się na Mnie, a znajdziesz Pokój w Mojej Obecności.

Flp 4,13; Prz 17,22

17 MARCA

Przyjdź do mnie po zrozumienie, gdyż znam cię zdecydowanie lepiej niż ty sam. Rozumiem cię w całej twojej złożoności; *wszystkie twoje drogi są Mi znane*. Patrzę na ciebie oczyma łaski, więc nie obawiaj się mojego wejrzenia. Pozwól, aby Światło Mojej kojącej Obecności opromieniło najgłębsze zakamarki twojej istoty – niech cię oczyści, uleczy, pokrzepi i odnowi. Ufaj Mi na tyle, aby przyjąć dar pełnego przebaczenia, który nieustannie ci ofiaruję. Ten wspaniały prezent, który kosztował Mnie życie, jest twój na wieki. Przebaczenie stanowi fundament Mojej nieustannej Obecności. *Nie opuszczę cię ani nie porzucę*.

Gdy masz wrażenie, że nikt inny cię nie rozumie, po prostu zbliż się do Mnie. Raduj się Tym, który rozumie cię całkowicie i kocha doskonale. Gdy napełniam cię Moją Miłością, stajesz się rzeką miłości, która występuje z brzegów i rozlewa się w życiu innych ludzi.

Ps 139,1–4; 2 Kor 1,21–22; Joz 1,5

18 MARCA

UFAJ MI DZIEŃ PO DNIU. Dzięki temu będziesz żył blisko Mnie, wyczulony na Moją wolę. Zaufanie nie jest naturalną reakcją – zwłaszcza dla tych, którzy zostali głęboko zranieni. Mój Duch to twój prywatny Nauczyciel, który mieszka w tobie i wspiera cię w tym nadludzkim dążeniu. Poddaj się Jego delikatnemu dotykowi; bądź czujny na Jego podpowiedzi.

Dołóż wszelkich starań, aby ufać Mi w każdej sytuacji. Nie dopuść do tego, aby potrzeba zrozumienia odwracała twoją uwagę od Mojej Obecności. Jeśli zdasz się na Mnie całkowicie, zaopatrzę cię we wszystko, czego potrzebujesz, aby zwycięsko przetrwać dzisiejszy dzień. *Jutrzejszy dzień sam o siebie troszczyć się będzie*; nie daj się wplątać w sieć trosk. Ufaj Mi dzień po dniu.

Ps 84,13; Mt 6,34

19 MARCA

Mówię do ciebie z głębi twojej istoty. Słuchaj, jak szepczę kojące, pełne Pokoju słowa, zapewniając cię o swojej Miłości. Nie słuchaj głosów, które rzucają oskarżenia, one nie pochodzą ode Mnie. Ja przemawiam czule, dodając ci otuchy. Mój Duch osądza bez miażdżących, zawstydzających słów. Niech Duch Mój przejmie kontrolę nad twoim umysłem i przetnie pęta oszustwa. Niech prawda o tym, że żyję w tobie, przemienia cię.

Opromienia cię Światło Mojej Obecności w dobrodziejstwie Pokoju. Trwaj w tym Blasku; nie przyćmiewaj go zmartwieniami i strachem. Ten, kto pozwala, abym przezeń działał, dostępuje świętości. Ponieważ w tobie mieszkam, masz wszelkie warunki ku temu, aby być świętym. Zanim zareagujesz na słowa czy sytuację, zatrzymaj się na chwilę, dając Mojemu Duchowi możliwość działania za twoim pośrednictwem. Gdy mówisz i działasz pospiesznie, nie dajesz Mi pola manewru; to ateistyczne życie. Chcę być obecny we wszystkich momentach twojego życia, w twoich myślach, słowach i czynach.

Rz 8,1–2; Kol 1,27; 1 Kor 6,19

20 MARCA

Dziękuj mi za chwalebny dar mojego ducha. Dziękczynienie jest jak pompowanie wody ze studni. Gdy składasz Mi ofiarę dziękczynną bez względu na to, jak się czujesz, Mój Duch może działać w tobie swobodniej. W rezultacie zyskujesz większą wolność, a twoje serce jeszcze bardziej napełnia się wdzięcznością.

Codziennie obsypuję cię Moimi błogosławieństwami, lecz czasem ich nie dostrzegasz. Gdy skupiasz się na tym, co negatywne, nie widzisz ani Mnie, ani Moich darów. Z wiarą podziękuj Mi za to, co zaprząta twoje myśli. W ten sposób usuniesz przeszkodę i Mnie odnajdziesz.

2 Kor 5,5; 2 Kor 3,17; Ps 50,14

21 MARCA

MIEJ UFNOŚĆ I SIĘ NIE LĘKAJ, *bo jestem twoją Mocą i Pieśnią*. Zastanów się, co to znaczy, że jestem twoją Mocą. Przemówiłem i powstał wszechświat. Moja Potęga jest absolutnie nieograniczona! Jeśli złożysz Mi ofiarę ze swojej słabości, zadziała ona niczym magnes i przyciągnie Moją Moc ku wszelkim niedostatkom, z jakimi się zmagasz. Tym, co może przeszkodzić przepływowi Mojej Mocy, jest strach. Zamiast starać się walczyć ze swoimi lękami, skup się na tym, aby Mi ufać. Jeśli obdarzysz Mnie głębokim zaufaniem, mogę dać ci wielką siłę.

Pamiętaj, że jestem też twoją Pieśnią. Chcę, abyś dzielił Moją Radość, żyjąc w pełnej świadomości tego, że jestem przy tobie. Raduj się, wędrując ze Mną do nieba; razem ze Mną śpiewaj Moją Pieśń.

Iz 12,2–3; Ps 21,7

22 MARCA

RADUJ SIĘ I BĄDŹ WDZIĘCZNY! Przemierzając ze Mną dzisiejszy dzień, przez całą drogę ćwicz się w zaufaniu i dziękczynieniu. Zaufanie jest drogą, którą dociera do ciebie Mój Pokój. Natomiast wdzięczność wynosi cię ponad to, co ci się przytrafia.

Swoich największych dzieł dokonuję poprzez ludzi o wdzięcznych, ufnych sercach. Zamiast planować i oceniać, staraj się nieustannie ufać i dziękować. Ta zmiana sposobu myślenia zrewolucjonizuje twoje życie.

FLP 4,4; PS 95,1–2; PS 9,11

23 MARCA

Jestem bogiem zarówno misternych drobiazgów, jak i bujnej obfitości. Gdy powierzasz Mi różne swoje drobne sprawy, zdumiewa cię skrupulatność, z jaką odpowiadam na twoje prośby. Czerpię przyjemność ze słuchania twoich modlitw, więc zwracaj się do Mnie o pomoc we wszystkim. Im więcej się modlisz, tym więcej odpowiedzi otrzymujesz. A co najważniejsze, widząc, jak skrupulatnie odpowiadam na twoje modlitwy, umacniasz się w wierze.

Ponieważ we wszystkim jestem nieskończony, nie musisz się obawiać, że Moje zasoby się wyczerpią. *Obfitość* stanowi sedno tego, kim jestem. Przyjdź do Mnie, radośnie oczekując, że dam ci wszystko, czego potrzebujesz – albo i więcej! Raduje mnie obsypywanie swoich ukochanych dzieci błogosławieństwami. Przyjdź do Mnie z wyciągniętymi rękoma i otwartym sercem, gotów na przyjęcie wszystkiego, co dla ciebie mam.

Ps 36,8–10[*]; Ps 132,15; J 6,12–13

---

[*] Biblia Warszawsko-Praska, wyd. cyt.

24 MARCA

NADSZEDŁ CZAS NA TO, ABYŚ NAUCZYŁ SIĘ REZYGNOWAĆ z ukochanych osób, dóbr materialnych, walki o kontrolę. Aby zrezygnować z czegoś, co jest dla ciebie cenne, musisz odpoczywać w Mojej Obecności, w której doświadczasz pełni. Spokojnie wygrzewaj się w Świetle Mojej Miłości. Gdy poczujesz się dostatecznie odprężony, zaciśnięte kurczowo palce rozluźnią uścisk i powierzysz Mi swój cenny dobytek.

Będąc świadom Mojej nieustannej Obecności, możesz czuć się bezpieczny nawet wśród dramatycznych zmian. Ten, który cię nigdy nie opuści, jest jednocześnie Tym, który się nigdy nie zmienia: *jestem ten sam wczoraj, dzisiaj i na wieki*. Powierzając Mi kolejne swoje dobra, pamiętaj, że nigdy nie puszczę twojej ręki. W tym uścisku jest twoje bezpieczeństwo, którego nikt i nic ci nie odbierze.

Ps 89,16; Hbr 13,8[*]; Iz 41,13

---

[*] Biblia Poznańska, Poznań 1975.

25 MARCA

Niech wdzięczność łagodzi wszystkie twoje myśli. Wdzięczny umysł pozostaje w nieustannym kontakcie ze Mną. Nie znoszę, gdy Moje dzieci narzekają, bezwiednie wyrażając pogardę dla Mojej zwierzchniej władzy nad światem. Wdzięczność zabezpiecza cię przed tym śmiertelnym grzechem i staje się pryzmatem, przez który patrzysz na życie. Dzięki niej jesteś w stanie dostrzec Światło Mojej Obecności, które opromienia cię w każdej sytuacji. Pielęgnuj wdzięczność w sercu, ponieważ w ten sposób oddajesz Mi cześć, sobie zaś sprawiasz Radość.

1 Kor 10,10; Hbr 12,28–29

26 MARCA

CZEKANIE NA MNIE to zwracanie się w Moim kierunku w pełnym nadziei wyczekiwaniu Moich działań. Taka postawa wymaga od ciebie, abyś zrezygnował z prób radzenia sobie ze wszystkim w pojedynkę i ufał Mi każdą najmniejszą częścią siebie. Czekanie na Mnie to styl życia, do którego cię powołałem; chcę, abyś na Mnie czekał przez cały dzień, co dzień. Stworzyłem cię tak, byś był świadom Mojej Osoby podczas wykonywania swoich codziennych obowiązków.

Tym, którzy na Mnie czekają, obiecałem wiele błogosławieństw: *pomnożone siły*, umiejętność wznoszenia się ponad swoją życiową sytuację, umocnioną nadzieję, świadomość Mojej nieustannej Obecności. Czekając na Mnie, oddajesz chwałę niebiosom, ponieważ żyjesz w pełnej zależności ode Mnie i pokazujesz gotowość spełniania Mojej woli. Takie nastawienie pomaga ci się Mną cieszyć; *przed Mym Obliczem jest pełnia Radości*.

Lm 3,24–26; Iz 40,31; Ps 16,11[*]

---

[*] Biblia Warszawsko-Praska, wyd. cyt.

27 MARCA

Trwaj w mojej obecności, mimo że niezliczone zadania usilnie domagają się twojej uwagi. Ne ma nic ważniejszego od naszych spotkań. Gdy trwasz w Mojej Obecności, dokonuję w tobie swojego najwspanialszego dzieła: *przemieniam cię przez odnowę twojego umysłu*. Jeżeli skrócisz nasze spotkanie, możesz rzucić się w wir niepotrzebnych działań, tracąc przy tym bogactwo tego, co dla ciebie przygotowałem.

Nie szukaj Mnie tylko dlatego, że mogę ci wiele dać. Pamiętaj, że Ja, Darczyńca, jestem nieskończenie wspanialszy niż jakikolwiek z Moich darów. Choć raduje Mnie zsyłanie błogosławieństw Moim dzieciom, zasmuca Mnie, gdy Moje dary stają się bożkami w ich sercach. Bożkiem może być wszystko, co odwraca twoją uwagę ode Mnie – twojej *Pierwotnej Miłości*. Jeśli jestem największym Pragnieniem twojego serca, bałwochwalstwo ci nie zagraża. Gdy trwasz w Mojej Obecności, cieszysz się najwspanialszym ze wszystkich darów: *Chrystusem w tobie, nadzieją chwały*!

Rz 12,2; Ap 2,4; Kol 1,27*

---

* Biblia Warszawska, wyd. cyt.

28 MARCA

JESTEM BOGIEM, KTÓRY DAJE, daje i daje. Gdy umarłem za ciebie na krzyżu, nie zachowałem nic dla siebie; wylałem swoje Życie *w ofiarniczej posłudze*. Ponieważ dawanie jest wpisane w Moją naturę, szukam ludzi, którzy są w stanie przyjąć absolutnie wszystko, co chcę im ofiarować. Aby pogłębić naszą relację, potrzebujesz dwóch rzeczy: otwartości na Moje działanie i czujności. Gdy jesteś otwarty na Moje działanie, pozwalasz, aby Moje obfite bogactwa wniknęły w najgłębsze zakamarki twojej istoty. Gdy jesteś czujny, nie odrywasz ode Mnie wzroku i szukasz Mnie w każdej chwili swojego życia. *Stały umysł*, jak ujął to prorok Izajasz, to cel możliwy do osiągnięcia. Dzięki swojej czujności otrzymujesz chwalebny prezent: Mój doskonały Pokój.

FLP 2,17; MK 10,15; IZ 26,3[*]

---

[*] Biblia Gdańska, wyd. cyt.

29 MARCA

Przestań wyprzedzać fakty. Zaakceptuj ograniczenia związane z tym, że żyjesz dniem dzisiejszym. Gdy coś przyjdzie ci do głowy, zapytaj Mnie, czy jest to częścią planu na dziś. Jeśli nie, zostaw to w Moich rękach i przystąp do wykonywania bieżących obowiązków. Gdy postępujesz w ten sposób, w twoim życiu panuje piękna prostota: *wszystko ma swój czas i jest wyznaczona godzina na wszystkie sprawy.*

Życie w bliskości ze Mną nie jest skomplikowane ani przygniecione ciężarem nieistotnych spraw. Kiedy koncentrujesz się na Mojej Obecności, wiele z tego, co niegdyś cię trapiło, traci nad tobą władzę. Choć świat wokół ciebie jest chaotyczny i zagmatwany, pamiętaj, że *Jam zwyciężył świat. Powiedziałem ci to, abyś miał we Mnie Pokój.*

Koh 3,1; J 16,33

30 MARCA

Troszczę się o ciebie. Ufaj Mi w każdej chwili. Ufaj Mi w każdej sytuacji. *Ufaj Mi z całego serca.* Gdy jesteś wyczerpany i wszystko zdaje się iść nie tak, jak powinno, zawsze możesz wypowiedzieć te trzy słowa: „Ufam Ci, Jezu". W ten sposób oddajesz Mi kontrolę nad swoimi sprawami i chronisz się w *Moich wiecznych ramionach.*

Przygotowuję wszystkie wydarzenia dnia dzisiejszego, jeszcze zanim wstaniesz z łóżka. Codziennie masz wiele okazji, aby zbliżać się do Mnie i uczyć się kroczyć Moimi ścieżkami. Przejawy Mojej Obecności mogą rozjaśnić nawet najbardziej ponury dzień, gdy masz oczy, które naprawdę widzą. Szukaj Mnie jak ukrytego skarbu. *Znajdziesz Mnie.*

Prz 3,5; Pwt 33,27*; Jr 29,13–14

---

* Biblia Warszawska, wyd. cyt.

31 MARCA

SKOSZTUJ I ZOBACZ, JAK JESTEM DOBRY. Im lepiej Mnie znasz, tym lepiej znasz też Moją dobroć. Jam jest *Żyjący, który cię widzi* i chce uczestniczyć w twoim życiu. Udzielam ci lekcji, abyś potrafił odnaleźć Mnie w każdej chwili i stawał się kanałem, przez który płynie Moja kochająca Obecność. Bywa, że Moje błogosławieństwa spływają na ciebie w tajemniczy sposób: poprzez ból i kłopoty. W takich chwilach możesz znać Moją dobroć tylko dzięki swemu do Mnie zaufaniu. Rozum cię zawiedzie, ale ufność nie pozwoli ci się ode Mnie odsunąć.

Podziękuj Mi za dar Mojego Pokoju – dar tak ogromny, że nie jesteś w stanie ogarnąć go umysłem. Gdy po zmartwychwstaniu ukazałem się swoim uczniom, najpierw przekazałem im znak Pokoju. Wiedziałem, że chcą ukoić lęki i oczyścić umysł – tego było im trzeba najbardziej. Tobie też chcę przekazać znak Pokoju, znam bowiem twoje niespokojne myśli. Słuchaj Mnie! Ucisz inne głosy, aby słyszeć Mnie wyraźnie. Stworzyłem cię, abyś trwał w Pokoju przez cały dzień, codziennie. Zbliż się do Mnie; przyjmij Mój Pokój.

PS 34,9; RDZ 16,13–14*; J 20,19; KOL 3,15

---

* Biblia Warszawska, wyd. cyt.

Kwiecień

*Myśl o Nim na każdej drodze, a On twe
ścieżki wyrówna.*

Prz 3,6

1 KWIETNIA

Wzywam cię do życia w nieustannej łączności ze Mną. Podstawowe ćwiczenie obejmuje naukę wznoszenia się ponad to, co cię spotyka – nawet w chaosie codziennych spraw. Pragniesz wieść prostsze życie, aby nasze porozumienie było nieprzerwane. Ale Ja wzywam cię do tego, abyś porzucił fantazję o uporządkowanym świecie. Przyjmij go takim, jaki jest, i szukaj Mnie pośród wszystkiego, co cię spotyka.

Rozmawiaj ze Mną o tym, czego doświadczasz w ciągu dnia, także o uczuciach. Pamiętaj, że twoim podstawowym celem nie jest kontrolowanie i naprawianie wszystkiego wokół; twoim podstawowym celem jest łączność ze Mną. Udany dzień to taki, w którym pozostawałeś ze Mną w kontakcie, nawet jeśli nie zdążyłeś wykonać wszystkich swoich zadań. Nie pozwól, aby lista spraw do załatwienia (spisana czy pamięciowa) stała się bożkiem kierującym twoim życiem. Lepiej poproś Mojego Ducha, aby cię prowadził krok po kroku. Dzięki Niemu będziesz blisko Mnie.

1 Tes 5,17; Prz 3,6

2 KWIETNIA

OBIECAŁEM, *że zaspokoję każdą twoją potrzebę według swojego bogactwa.* Twoją najgłębszą, nieustanną potrzebą jest Mój Pokój. Zasiałem Pokój w ogrodzie twojego serca, gdzie mieszkam. Ale rosną tam również chwasty: duma, zmartwienia, egoizm, zwątpienie. Jestem Ogrodnikiem i staram się, aby wyrwać te chwasty z twojego serca. Robię to na różne sposoby. Gdy trwasz ze Mną w ciszy, napełniam twoje serce Światłem Mojej Obecności. W jego niebiańskich promieniach Pokój rośnie bujnie, a chwasty usychają. Zsyłam ci też rozmaite próby. Gdy ufasz Mi w obliczu trosk, Pokój rozkwita, a chwasty umierają. Podziękuj Mi za trudne sytuacje; Pokój, jaki mogą przynieść, z nawiązką wynagradza wszelkie próby, które musisz przetrwać.

FLP 4,19; 2 KOR 4,17

3 KWIETNIA

WE MNIE MASZ WSZYSTKO. We Mnie osiągasz pełnię. Możesz doświadczać Mnie jeszcze intensywniej dzięki temu, że oczyszczam twoje serce ze śmieci i zanieczyszczeń. Gdy pragniesz Mnie mocniej z każdym dniem, inne pragnienia stopniowo tracą na sile. Pragnąc Mnie, wybierasz najlepsze możliwe życie, bo jestem nieskończony i zawsze na wyciągnięcie ręki.

Nie ma takiej potrzeby, której nie mógłbym zaspokoić. W końcu stworzyłem ciebie i wszystko, co istnieje. Świat w dalszym ciągu jest na każde Moje skinienie, choć często tego nie widać. Nie daj się zwieść pozorom. *To, co widzialne, przemija, to zaś, co niewidzialne, trwa wiecznie.*

EF 3,20; 2 KOR 4,18

4 KWIETNIA

SPOTYKAM SIĘ Z TOBĄ w cichości twojego ducha. Właśnie tam pragnę z tobą obcować. Osoby, które pozostają otwarte na Moją Obecność, są Mi niezwykle drogie. Moje oczy *obiegają całą ziemię*, wypatrując tych, którzy Mnie szukają. Widzę, że próbujesz Mnie znaleźć; owocem naszych wzajemnych poszukiwań jest poczucie radosnego spełnienia.

W dzisiejszym uzależnionym od pędu i hałasu świecie cichość ducha staje się rzadkością. Cieszy Mnie, że pragniesz stworzyć spokojną przestrzeń dla naszych spotkań. Nie daj się zniechęcić przeciwnościom, które stają ci na drodze. Obserwuję wszystkie twoje starania i każda twoja próba znalezienia Mojego Oblicza Mnie uszczęśliwia.

ZA 2,13; 2 KRN 16,9; PS 23,2–3

5 KWIETNIA

Przyjmij Moją Miłość, Radość i Pokój – pełne Chwały podarunki zrodzone z Mojej Obecności. Choć jesteś *glinianym naczyniem*, stworzyłem cię tak, abyś wypełniał się niebiańską materią. Twoja słabość nie jest przeszkodą dla Mojego Ducha; przeciwnie – sprawia, że Moja Moc świeci jeszcze jaśniej.

Przemierzając dzisiejszy dzień, ufaj, że w każdej chwili będą dodawać ci sił, których potrzebujesz. Nie marnuj energii na zastanawianie się nad tym, czy uda ci się sprostać dzisiejszej wędrówce. Masz w sobie Mojego Ducha, więc jesteś w stanie bez trudu poradzić sobie ze wszystkim, co możesz spotkać na swojej drodze. Oto, skąd powinieneś czerpać pewność! *W ciszy* (spotkaniach ze Mną sam na sam) *i ufności* (poleganiu na Moim dostatku) *leży twoja siła*.

2 Kor 4,7; Iz 30,15

6 KWIETNIA

ZŁÓŻ MI OFIARĘ dziękczynną. Niczego nie traktuj jako rzeczy oczywistej – nawet wschodu słońca. Zanim Szatan skusił Ewę w rajskim ogrodzie, wdzięczność była tak naturalna jak oddychanie. Diabeł zwrócił uwagę Ewy na jedyną zakazaną rzecz. Raj był pełen soczystych, apetycznych owoców, ale Ewa – zamiast dziękować za obfitość tego, co dostępne – skupiła się na tej jednej rzeczy, której nie mogła mieć. Koncentrując się na tym, co było jej zabronione, straciła jasność umysłu i uległa pokusie.

Ty także tracisz jasność umysłu, gdy skupiasz się na nieprzyjemnych wydarzeniach i na tym, czego ci brakuje. Nie doceniasz życia, zbawienia, słońca, kwiatów i wielu innych Moich darów. Doszukujesz się usterek i nie jesteś w stanie cieszyć się życiem, dopóki nie zostaną „naprawione".

Gdy myślisz o Mnie z wdzięcznością, Światło Mojej Obecności wypełnia cię i coraz bardziej cię odmienia. Ćwicz się w dziękczynieniu, a będziesz kroczył ze Mną *w Światłości*.

Ps 116,17; Rdz 3,2-6; 1 J 1,7

7 KWIETNIA

JA JESTEM GARNCARZEM; *ty jesteś gliną*. Odlałem twoją formę jeszcze przed stworzeniem świata. Przygotowuję wydarzenia każdego dnia w taki sposób, aby uczynić cię takim, jakim sobie ciebie zamyśliłem. Moja wieczna Miłość działa w twoim życiu nieustannie. Zdarzają się dni, kiedy twoja i Moja wola płyną razem w jednym kierunku. Gdy tak się dzieje, masz poczucie, że sprawujesz kontrolę nad swoim życiem. Kiedy indziej wydaje ci się, że płyniesz w górę rzeki, pod prąd Moich celów. W takich chwilach powinieneś się zatrzymać i poszukać Mojego Oblicza. Opór, który czujesz, może pochodzić zarówno ode Mnie, jak i od złego.

Rozmawiaj ze Mną o tym, czego doświadczasz. Podążaj za Moim Duchem, On przeprowadzi cię przez zdradzieckie wody. Gdy płyniesz ze Mną wzburzonym strumieniem, niech zdarzenia formują cię takim, jakim chcę cię widzieć. Przez cały dzień mów „tak" swojemu Garncarzowi.

Iz 64,8[*]; Ps 27,8

---

[*] Biblia Warszawska, wyd. cyt.

8 KWIETNIA

JESTEM Z TOBĄ I DLA CIEBIE jako twój nieodłączny Towarzysz i Żywiciel. Pytanie tylko, czy ty jesteś ze Mną i dla Mnie. Ja nigdy cię nie opuszczam, ale ty możesz Mnie „opuścić", ignorując Mnie. Oddalasz się ode Mnie, gdy myślisz lub zachowujesz się tak, jakby Mnie przy tobie nie było. Wiesz już, gdzie tkwi problem, gdy odczuwasz dystans w naszej relacji. Moja Miłość do ciebie jest niezmienna: *jestem ten sam wczoraj, dzisiaj i na wieki*. To ty zmieniasz się jak piaskowe wydmy, pozwalając, aby życie rzucało cię raz tu, raz tam.

Gdy czujesz, że się ode Mnie oddalasz, wymów szeptem Moje Imię. Ta prosta czynność, dokonana z dziecięcą ufnością, otwiera twoje serce na Moją Obecność. Mów do Mnie czule i przygotuj się na przyjęcie Mojej Miłości, która płynie i będzie wiecznie płynąć z krzyża. Raduję się, gdy otwierasz się na Moją kochającą Obecność.

RDZ 28,15; RZ 8,31; HBR 13,8[*]

---

[*] Biblia Poznańska, wyd. cyt.

9 KWIETNIA

JESTEŚ MÓJ NA WIEKI; *nic nie zdoła cię odłączyć od Mojej Miłości.* Ponieważ zainwestowałem w ciebie swoje życie, bądź pewien, że się tobą zaopiekuję. Gdy twój umysł jest na jałowym biegu i myśli płyną swobodnie, często czujesz się niespokojny i samotny. Koncentrujesz się wówczas na rozwiązywaniu problemów. Aby wrzucić wyższy bieg, musisz po prostu zwrócić się do Mnie, przynosząc Mi siebie i swoje problemy.

W Świetle Mojej Obecności uzmysławiasz sobie, że nigdy nie jesteś sam, i wiele twoich zmartwień natychmiast znika. Niektóre z nich mogą pozostać, ale staną się mniej ważne niż Ja i relacja, z której możesz czerpać do woli. W każdej chwili swojego życia stoisz przed wyborem: albo będziesz doświadczał Mojej Obecności, albo problemów.

Rz 8,38-39; Wj 33,14

10 KWIETNIA

UFAJ MI W KAŻDEJ NAJDROBNIEJSZEJ SPRAWIE. Nic w Moim królestwie nie jest przypadkowe. *Z tymi, którzy Mnie miłują, współdziałam we wszystkim dla ich dobra.* Zamiast analizować złożoność Mojego planu, spożytkuj energię na to, aby Mi dziękować i ufać bez względu na okoliczności. Gdy wędrujesz ze Mną, nic nie idzie na marne. Nawet twoje błędy i grzechy mogą stać się czymś, co prowadzi do dobrego, za sprawą przemieniającej mocy Mojej łaski.

Gdy wciąż jeszcze otaczała cię ciemność, zacząłem opromieniać twoje splamione grzechem życie Światłem Mojej Obecności. W końcu *wydobyłem cię z kałuży błota i wezwałem do przedziwnego swojego Światła*. Oddałem za ciebie swoje Życie, więc możesz Mi ufać w każdej sprawie.

Jr 17,7; Rz 8,28; Ps 40,3; 1 P 2,9

11 KWIETNIA

OTO JEST DZIEŃ, KTÓRY JA UCZYNIŁEM. *Raduj się zeń i wesel.* Rozpocznij ten dzień z otwartymi dłońmi wiary, gotów przyjąć wszystko, czym wypełnię ten epizod twojego życia. Uważaj, aby na nic nie narzekać, nawet na pogodę, bo to Ja jestem Autorem wszystkiego, co ci się przydarza. Najlepszym sposobem radzenia sobie z trudnymi sytuacjami jest dziękowanie Mi za nie. Ten akt wiary uwalnia cię od niechęci, a Mnie pozwala działać i obracać sytuację na twoją korzyść.

Aby radować się dzisiejszym dniem, musisz nim żyć. Wiedziałem, co robię, dzieląc dobę na dwadzieścia cztery części. Rozumiem człowieczą kruchość i wiem, że jesteś w stanie udźwignąć na swych barkach tylko jeden dzień. Nie martw się o jutro i nie tkwij w przeszłości. Moja Obecność właśnie dziś odsłania przed tobą obfitość Życia.

Ps 118,24; Flp 3,13–14

12 KWIETNIA

Zaufanie to wybór, którego dokonujesz w każdej chwili. Mój lud nie zawsze to rozumiał. Gdy dokonałem cudów na pustyni, Moje wybrane dzieci miały do Mnie wielkie zaufanie – ale tylko przez chwilę. Wkrótce znów zaczęły narzekać, wystawiając Moją cierpliwość na wielką próbę.

Czy z tobą nie jest podobnie? Ufasz Mi, gdy wszystko się dobrze układa i widzisz, że działam dla twojego dobra. Ten rodzaj ufności płynie swobodnie i nie wymaga żadnego wysiłku. Gdy zaś coś pójdzie nie po twojej myśli, zaufanie zwalnia bieg i zamiera. Stajesz wtedy przed wyborem: albo świadomie obdarzysz Mnie zaufaniem, albo podniesiesz bunt, oburzając się na to, jak z tobą postępuję. Ten wybór jest niczym rozwidlenie dróg. Zostań ze Mną na ścieżce Życia i ciesz się Moją Obecnością. Wybierz ufność bez względu na okoliczności.

Wj 15,22–25; Ps 31,15

13 KWIETNIA

Gdy nie daję ci żadnych konkretnych wskazówek, zostań tam, gdzie jesteś. Skup się na swoich codziennych zadaniach ze świadomością, że jestem przy tobie nieustannie. Gdy działasz z myślą o Mnie, opromienia cię Radość płynąca z Mojej Obecności. W ten sposób zapraszasz Mnie do każdej sfery swojego życia. Gdy współpracujesz ze Mną we wszystkim, Moje życie łączy się z twoim. Jest to sekret nie tylko radosnej, ale też zwycięskiej egzystencji. Stworzyłem cię z myślą, byś polegał na Mnie w każdej chwili, świadom, że *beze Mnie nic nie możesz uczynić*.

Bądź wdzięczny za spokojne dni, gdy zdaje ci się, że nic wielkiego się nie dzieje. Nie czuj się znudzony brakiem wydarzeń i uniesień; wykorzystaj czas rutyny na szukanie Mojego Oblicza. To działanie, choć niewidoczne, ma ogromne znaczenie w królestwie duchowym. A oprócz tego zsyłam ci wiele błogosławieństw, gdy z ufnością przemierzasz ze Mną korytarze codzienności.

Kol 3,23; J 15,5; Ps 105,4

14 KWIETNIA

Niebo to zarówno teraźniejszość, jak i przyszłość. Gdy idziesz ścieżką życia, trzymając Mnie za rękę, już na ziemi doświadczasz istoty raju: Mojej bliskości. Wiele śladów nieba możesz też dostrzec wzdłuż drogi, ponieważ cała ziemia promienieje Moją Obecnością. Migotliwe światło słoneczne budzi twoje serce, łagodnie przypominając ci o Moim olśniewającym Blasku. Ptaki i kwiaty, drzewa i chmury każą ci wychwalać Moje święte Imię. Miej oczy i uszy szeroko otwarte przez całą naszą wspólną podróż.

U kresu twojej życiowej ścieżki jest brama do nieba. Tylko Ja wiem, kiedy dotrzesz do celu, ale przygotowuję cię na tę chwilę na każdym kroku. Absolutna pewność tego, że w niebie czeka na ciebie twój dom, daje ci Pokój i Radość, dzięki czemu łatwiej ci znosić trudy podróży. Wiesz, że dotrzesz do domu na czas – nie za późno i nie za wcześnie. Niech nadzieja nieba dodaje ci sił, gdy idziesz ze Mną ścieżką Życia.

1 Kor 15,20–23; Hbr 6,19

15 KWIETNIA

MIEJ UFNOŚĆ *i się nie lękaj*. Masz wrażenie, że wiele rzeczy wymyka się spod twojej kontroli. Codzienne sprawy nie toczą się tak, jak powinny. Czujesz się bezpieczniej, gdy twoje życie jest przewidywalne. Pozwól, że wprowadzę cię na *skałę wyższą od ciebie* i wszystkiego, co widzisz wokół. *Schroń się pod osłoną Moich skrzydeł*, gdzie jesteś w pełni bezpieczny.

Gdy coś wybije cię ze znanego rytmu codzienności, ściskaj mocno Moją rękę i szukaj okazji do rozwoju. Zamiast ubolewać nad utratą wygody, przyjmij wyzwanie tego, co nowe. Prowadzę cię *z chwały w chwałę*, czyniąc cię zdolnym wejść do Mojego królestwa. Powiedz „tak" Mojemu działaniu w twoim życiu. Miej ufność i się nie lękaj.

Iz 12,2; Ps 61,3–5*; 2 Kor 3,18**

---

* Biblia Warszawska, wyd. cyt.

** Tamże.

16 KWIETNIA

Wzywam cię do życia pełnego wdzięczności. Chcę, aby każda chwila twojej wędrówki była przesycona dziękczynieniem. Podstawą twojej wdzięczności jest Moja zwierzchnia władza. Jestem Stworzycielem i Zarządcą wszechświata. Niebo i ziemia są pełne Mojej chwalebnej Obecności.

Gdy pozwalasz sobie na krytykę lub narzekanie, zachowujesz się tak, jakbyś myślał, że sam potrafiłbyś zarządzać światem lepiej niż Ja. Patrzysz na wszystko ze swojej ograniczonej ludzkiej perspektywy i dlatego może ci się wydawać, że podejmuję niewłaściwe decyzje jako Zarządca. Gdybym odsłonił kurtynę i pozwolił ci zajrzeć do królestwa niebieskiego, zrozumiałbyś o wiele więcej. Jednak stworzyłem cię tak, abyś *postępował według wiary, a nie dzięki widzeniu*. Z czułością chronię cię przed poznaniem przyszłości i wejrzeniem do świata duchów. Uznaj Moją zwierzchność, *dziękując Mi w każdym położeniu*.

Iz 6,3; 2 Kor 5,7; 1 Tes 5,18

17 KWIETNIA

UCZĘ CIĘ STAŁOŚCI. Zbyt wiele rzeczy sprawia, że tracisz Mnie z oczu. Wiem, że żyjesz w świecie obrazów i dźwięków, ale nie powinieneś być niewolnikiem tych bodźców. Możesz patrzeć na Mnie w każdej sytuacji, bez względu na to, co się dzieje. I właśnie takiej stałości dla ciebie pragnę.

Nie zbaczaj ze swojej drogi, gdy zdarzy się coś niespodziewanego. Reaguj ze spokojem i pewnością, pamiętając, że jestem z tobą. Gdy tylko coś przykuje twoją uwagę, porozmawiaj ze Mną o tym. Dzięki temu będę dzielił z tobą radości i problemy; pomogę ci poradzić sobie ze wszystkim, cokolwiek się zdarzy. Właśnie w ten sposób żyję w tobie i poprzez ciebie działam. To droga Pokoju.

Ps 112,7; Iz 41,10

18 KWIETNIA

Nieustannie ofiarowuję ci swój pokój. Płynie on szerokim strumieniem z tronu łaski. Podobnie jak Izraelici nie mogli poczynić zapasów manny, tak i ty nie możesz poczynić zapasów Pokoju. Konieczność codziennego zbierania manny nie pozwalała Izraelitom zapomnieć o tym, że są ode Mnie całkowicie zależni. Tobie również daję tylko tyle Pokoju, ile w danej chwili potrzebujesz. Czynię to, gdy przychodzisz do Mnie *w modlitwie i błaganiu z dziękczynieniem*. Gdybym ofiarował ci nieprzemijający Pokój, który w żaden sposób nie wiązałby się z Moją Obecnością, mógłbyś wpaść w pułapkę samowystarczalności. Oby tak się nigdy nie stało!

Stworzyłem cię tak, abyś potrzebował Mnie w każdej chwili. W miarę jak jesteś coraz bardziej świadom tego, jak bardzo Mnie potrzebujesz, rośnie też twoje przekonanie o całkowitej wystarczalności Moich dóbr. Mogę *zaspokoić każdą twoją potrzebę*, ani odrobinę nie uszczuplając przy tym swoich zapasów. *Przybliż się z ufnością do tronu łaski*, przyjmując Mój Pokój z wdzięcznym sercem.

Wj 16,14–20; Flp 4,6–7.19; Hbr 4,16

19 KWIETNIA

KOCHAM CIĘ bez względu na to, jak się spisujesz. Czasem czujesz niepokój, zastanawiając się, czy postępujesz na tyle dobrze, aby być godnym Mojej Miłości. Odpowiedź na to pytanie zawsze brzmi „nie", bez względu na to, jak wzorowe jest twoje zachowanie. Twoje uczynki i Moja Miłość to dwie zupełnie różne kwestie. *Ukochałem cię wiekuistą Miłością*, która płynie z wieczności, nie znając granic i nie stawiając warunków. *Okryłem cię płaszczem sprawiedliwości* na wieki – nic i nikt nie jest w stanie tego zmienić. Dlatego właśnie twoje osiągnięcia jako chrześcijanina nie mają żadnego wpływu na Miłość, jaką cię darzę. Zresztą nie potrafisz nawet dokładnie ocenić, jak ci idzie. Zawężona ludzka perspektywa i nieustanne zmiany, którym podlega twoje ciało, wypaczają twój osąd.

Przynieś Mi swój niepokój o własne sprawowanie, a w jego miejsce przyjmij Moją nieprzemijającą Miłość. Staraj się nieustannie pamiętać o Mojej kochającej Obecności, która towarzyszy ci we wszystkim, co robisz, a Ja pokieruję twoimi krokami.

Jr 31,3; Iz 61,10; Ps 31,17; Ps 107,8

20 KWIETNIA

NIE LĘKAJ SIĘ, ponieważ jestem z tobą. Usłysz, jak mówię do twojego niespokojnego serca: *Umilknij, ucisz się.* Bez względu na to, co się stanie, *nie opuszczę cię i nie porzucę.* Niech to zapewnienie przeniknie twój umysł i serce, aż wybuchniesz wielką Radością. *Choćby waliła się ziemia i góry zapadły w otchłań morza*, nie masz powodu do strachu!

Media niezmordowanie przekazują złe wieści – na śniadanie, obiad i kolację. Jeśli będziesz żywił się strawą, którą ci serwują, szybko zrobi ci się niedobrze. Zamiast koncentrować się na transmisjach wciąż nowych wiadomości, dostrój się do żywego Słowa – *Tego, które jest zawsze takie samo.* Jeśli Pismo przeniknie twój umysł i twoje serce, będziesz pokonywał drogę Życia pewnym, miarowym krokiem. Choć nie wiesz, co wydarzy się jutro, możesz być absolutnie pewien ostatecznego celu swojej podróży. *Ująłem cię za prawicę i przyjmę cię na koniec do chwały.*

MK 4,39; PWT 31,6; PS 46,3; PS 73,23–24

21 KWIETNIA

Pozwól mi przejąć kontrolę nad twoim umysłem. Umysł to najbardziej niespokojna, niezdyscyplinowana część istoty ludzkiej. Już dawno nauczyłeś się panować nad swoim językiem, ale twoje myśli wciąż stawiają opór twojej woli i skłaniają się przeciwko Mnie. Ponieważ człowiek stanowi ukoronowanie dzieła stworzenia, ludzki umysł jest cudownie skomplikowany. Zaryzykowałem wszystko, dając ci swobodę samodzielnego myślenia. To Boski przywilej, który już zawsze będzie odróżniał cię od zwierząt i maszyn. *Uczyniłem cię na Mój obraz*, niebezpiecznie bliskim bóstwu.

Choć odkupiłem cię własną krwią, twój umysł pozostaje ostatnim bastionem rebelii. Otwórz się na Moją promienną Obecność, niech Moje Światło przeniknie twoje myśli. Gdy Mój Duch panuje nad twoim umysłem, napełniasz się Życiem i Pokojem.

Rdz 1,26–27; Rz 8,6

22 KWIETNIA

SŁUCHAJ MNIE NIEUSTANNIE. Mam ci tak wiele do przekazania; tyle osób i spraw należy otoczyć modlitwą. Tłumiąc wszelkie rozproszenia przy pomocy Mojego Ducha, uczę cię coraz bardziej skupiać uwagę na Mnie.

Idź ze Mną w świętym zaufaniu i zamiast starać się dostosowywać wszystko do swoich planów, żywo reaguj na Moje inicjatywy. Umarłem, aby cię uwolnić, a to wiąże się z wolnością od kompulsywnego planowania. Gdy w twojej głowie wirują tysiące myśli, nie jesteś w stanie usłyszeć Mojego głosu. A umysł zaprzątnięty planami oddaje hołd bożkowi kontroli. Porzuć bałwochwalstwo i ponownie zwróć się ku Mnie. Słuchaj Mnie i żyj w obfitości!

J 8,36; PRZ 19,21; J 10,27

23 KWIETNIA

PATRZ NA MNIE. Zwracaj się do Mnie nie tylko po wskazówki, ale też zgodę na podjęcie określonego działania. Jeśli gdzieś cię prowadzę, zawsze wcześniej zaopatruję cię we wszystko, czego będziesz potrzebował. Dlatego właśnie tak ważne jest, abyś w każdej sytuacji szukał Mojej woli. Na świecie jest wielu wypalonych chrześcijan, którzy myślą, że więcej znaczy lepiej, i uważają, że mówienie „nie" jest wbrew zasadom duchowym.

Aby poznać Moją wolę, musisz spędzać ze Mną czas, ciesząc się Moją Obecnością. Nie jest to uciążliwy obowiązek, lecz wspaniały przywilej. Pokażę ci *ścieżkę Życia, pełnię Radości u Mojego boku i rozkosze na wieki po Mojej prawicy.*

Ps 141,8; Ps 16,11

24 KWIETNIA

ODPOCZNIJ W SPOKOJNEJ PRZYSTANI, jaką jest Moja Obecność, a Ja przygotuję cię na ten dzień. Czekaj na Mnie z głęboką ufnością, opromieniony Blaskiem Mojej Łaski. *Zatrzymaj się i we Mnie uznaj Boga.* Możesz Mi ufać zarówno czynnie, jak i biernie. Kiedy odpoczywasz w Mojej Obecności, skupiając na Mnie swoje myśli, buduję między nami więzi zaufania. Jeśli chcesz ufać aktywnie, musisz dawać Mi dowody swojej ufności w obliczu różnych życiowych zdarzeń.

Jestem z tobą w każdej chwili, więc nie masz powodu do strachu. Twój lęk często znajduje wyraz w przesadnej skłonności do planowania. Twój umysł tak nawykł do tego sposobu myślenia, że dopiero teraz zaczynasz zdawać sobie sprawę z siły tej skłonności i tego, jak źle wpływa ona naszą bliskość. Gdy tylko uświadomisz sobie, że znów zbaczasz na tę dobrze wydeptaną ścieżkę, okaż skruchę i oprzyj się swojej skłonności. Wróć do Mnie, który zawsze czekam na ciebie w chwili, która właśnie trwa. Przyjmę cię z powrotem *bez potępienia.*

Ps 46,11; Rz 8,1

25 KWIETNIA

SZUKAJ MNIE WZROKIEM, przeprawiając się przez dzisiejszy dzień. Tak jak wirująca baletnica, która musi wracać spojrzeniem w jeden punkt, aby zachować równowagę, tak i ty powinieneś co chwilę spoglądać na Mnie. Twoja sytuacja ciągle się zmienia, a świat wokół zdaje się wirować. Jeśli chcesz zachować równowagę, *patrz na Mnie* – Tego, który nie zmienia się nigdy. Jeśli będziesz zbyt długo przyglądał się światu dookoła, zakręci ci się w głowie i stracisz orientację. Patrz na Mnie i pokrzepiaj się w Mojej Obecności, a twoje kroki będą miarowe i pewne.

HBR 12,2; PS 102,27

26 KWIETNIA

NIECH PROBLEMY będą dla ciebie niczym drabina, z której możesz zobaczyć świat w szerszej perspektywie. Moje dzieci często przemierzają życie niby we śnie, dopóki nie wpadną na przeszkodę, która zagrodzi im drogę. Gdy napotkasz problem, którego nie da się rozwiązać natychmiast, twoja reakcja powiedzie cię albo w górę, albo w dół. Możesz rzucić się na przeszkodę z poczuciem urazy i krzywdy – wówczas wpadniesz w otchłań użalania się nad sobą. Ten sam problem może stać się drabiną, na którą sie wdrapiesz, aby zobaczyć świat z Mojej perspektywy. Wtedy okaże się, że przeszkoda, która cię zatrzymała, to tylko *nieznaczny chwilowy ucisk*. Gdy już będziesz na górze, będziesz mógł w ogóle odwrócić od niej wzrok. Zwróć się ku Mnie i zobacz *Światłość Mojej Obecności*, która cię opromienia.

2 Kor 4,16–18*; Ps 89,16

---

* Biblia Warszawska, wyd. cyt.

27 KWIETNIA

Przyjdź do mnie z pustymi dłońmi i otwartym sercem, gotów przyjąć Moje obfite błogosławieństwa. Znam głębię i bezmiar oceanu twoich potrzeb. Twoja życiowa droga jest trudna i powoli tracisz siły. Przyjdź do Mnie po pokrzepienie. Pozwól, że napełnię cię Moją Obecnością: Ja w tobie, ty we Mnie.

Moja Moc najobficiej spływa na tych, którzy są słabi i zdają sobie sprawę z tego, że Mnie potrzebują. Chwiejny krok człowieka, który się na Mnie opiera, nie jest przejawem braku wiary, lecz furtką do Mojej Obecności.

J 17,20-23; Iz 40,29-31

28 KWIETNIA

GDY WPATRUJESZ SIĘ w horyzont nadchodzącego dnia, widzisz na swojej drodze wiele miejsc, w których będziesz zmuszony dokonać wyboru. Mnogość możliwości powoduje dezorientację. Wróć myślami do przedsionka dzisiejszego dnia, gdzie stoję obok ciebie, z czułością przygotowując cię na to, co cię czeka.

Nie możesz podejmować kilku decyzji naraz, bo każda kolejna jest zależna od poprzedniej. Zamiast kreślić mentalną mapę ścieżki prowadzącej przez dzisiejszy dzień, skup się na Mojej kochającej Obecności przy tobie. Po drodze odpowiednio cię zaopatrzę, abyś był w stanie poradzić sobie z wszelkimi przeciwnościami. Ufaj, że dam ci wszystko, co konieczne, wtedy, gdy będziesz tego potrzebował.

Lm 3,22–26; Ps 34,9

29 KWIETNIA

Ucz się wdzięczności pod moim okiem. Najpierw uświadom sobie, że wszystko, co masz, i wszystko, czym jesteś, należy do Mnie. Każdy świt jest darem, którego wcale nie musiałem ci ofiarować. Ziemia pulsuje Moimi błogosławieństwami, dając żywe świadectwo Mojej Obecności. Gdy trochę zwolnisz, znajdziesz Mnie, gdziekolwiek będziesz.

Niektóre z Moich najdroższych dzieci leżą złożone chorobą lub są zamknięte w więzieniach. Inne zaś z własnej woli uczą się dyscypliny bycia ze Mną sam na sam. Sekretem wdzięczności jest nauka patrzenia na wszystko z Mojej perspektywy. Mój świat jest twoją szkolną klasą. *Moje Słowo jest lampą dla twoich stóp i światłem na twojej ścieżce.*

Hbr 12,28–29; Ps 119,105

30 KWIETNIA

GDY BRAKUJE CI PODSTAWOWYCH DÓBR – czasu, energii lub pieniędzy – uważaj to za błogosławieństwo. Ten niedostatek jest okazją do tego, aby bez wstydu zdać się na Mnie. Gdy zaczynasz dzień, cierpiąc brak, musisz skupiać się na chwili bieżącej. I właśnie tam powinieneś żyć – w teraźniejszości; jest to miejsce, w którym czekam na ciebie nieustannie. Świadomość niewystarczalności twoich dóbr jest wielkim błogosławieństwem, dzięki któremu uczysz się w pełni zdawać się na Mnie.

Prawda jest taka, że samowystarczalność to mit utrwalany przez dumę i chwilowy sukces. Zdrowie i bogactwo mogą przepaść w jednej chwili, podobnie zresztą jako samo życie. Ciesz się brakami, mając świadomość, że *pełnia Mej Mocy okazuje się w słabości*.

JK 1,2; 2 KOR 12,9*

---

* Biblia Warszawska, wyd. cyt.

Maj

Przyznajcie Panu chwałę jego imienia, na świętym dziedzińcu uwielbiajcie Pana!

Ps 29,2*

---

* Biblia Gdańska, wyd. cyt.

1 MAJA

JESTEŚ NA ŚCIEŻCE, którą dla ciebie wybrałem. W twoim życiu nic nie dzieje się przypadkowo. Tu i Teraz to współrzędne twojej codzienności. Ludzie często pozwalają na to, aby godziny przeciekały im przez palce, na wpół przeżyte. Omijają teraźniejszość, martwiąc się o przyszłość lub marząc o tym, aby żyć w lepszym miejscu i czasie. Zapominają, że są istotami, które podlegają ograniczeniom czasu i przestrzeni. Zapominają o swoim Stwórcy, który idzie z nimi tylko w chwili, która właśnie trwa.

Każdy moment pulsuje Moją cudowną Obecnością dla tych, którzy są sercem przy Moim sercu. Gdy będziesz dążyć do życia w nieustannej łączności ze Mną, zaczniesz odkrywać, że po prostu nie masz czasu na zmartwienia. Wówczas Mój Duch będzie mógł swobodnie kierować twoimi krokami i poprowadzi cię *drogą Pokoju*.

ŁK 12,25–26; ŁK 1,79

2 MAJA

Polegaj na Mnie nieustannie, a będziesz wiódł obfite życie. Uczysz się doceniać trudne chwile, ponieważ dzięki nim coraz lepiej uświadamiasz sobie Moją Obecność. Zadania, które kiedyś budziły twój strach, stają się doskonałą okazją do cieszenia się Moją bliskością. Gdy czujesz się zmęczony, pamiętaj, że jestem twoją Siłą; czerp przyjemność z opierania się na Mnie. Cieszy Mnie to, że zwracasz się do Mnie coraz częściej – zwłaszcza wtedy, gdy jesteś sam.

Gdy przebywasz w towarzystwie innych, często zapominasz o Mojej Obecności. Strach przed tym, że mógłbyś nie zadowolić ludzi wokół, czyni cię ich niewolnikiem. Wówczas to oni zajmują pierwsze miejsce w twoich myślach. Gdy tak się dzieje, wypowiedz szeptem Moje Imię; ten drobny akt zaufania sprawi, że znajdę się w centrum twojej świadomości, gdzie jest Moje miejsce. Gdy rozkoszujesz się błogosławieństwem Mojej bliskości, Moje życie może płynąć przez ciebie do innych. I to właśnie jest obfite życie!

Prz 29,25; J 10,10

3 MAJA

Nie możesz służyć dwóm panom. Jeżeli to Ja jestem twoim prawdziwym Panem, Moje względy będą dla ciebie najważniejsze. Jeśli zaś chcesz zadowolić ludzi, staniesz się ich niewolnikiem. Ludzie potrafią być wielkimi ciemięźcami, gdy dać im władzę.

Będąc Panem twojego życia, będę też twoją *Pierwotną Miłością*. Fundamentem i przyczyną twojej służby jest Moja wielka, bezwarunkowa Miłość do ciebie. Im niżej Mi się kłaniasz, tym wyżej cię wynoszę, przyciągając ku sobie. *Pełnia radości u Mnie* przyćmiewa wszelkie inne uciechy. Chcę, abyś odbijał Moje radosne Światło, żyjąc w coraz większej bliskości ze Mną.

Mt 6,24; Ap 2,4; Ef 3,16–17; Ps 16,11

4 MAJA

SPOTKAJ SIĘ ZE MNĄ W PORANNEJ CISZY, gdy ziemię orzeźwia rosa Mojej Obecności. *Złóż Mi pokłon w świętej szacie.* Śpiewaj miłosne pieśni wychwalające Moje święte Imię. Gdy ofiarowujesz Mi siebie, wzbiera w tobie Mój Duch i zalewa cię fala Boskiej Obecności.

Aby zdobyć ziemskie bogactwa, trzeba zagarniać i gromadzić. Natomiast Moje bogactwa zdobywa ten, kto rezygnuje i daje. Im bardziej Mi się oddajesz i podporządkowujesz się Mojemu działaniu, tym szczodrzej napełniam cię *Radością niewymowną i pełną chwały*.

Ps 29,2*; 1 P 1,8

---

* Biblia Warszawska, wyd. cyt.

5 MAJA

PRZYJDŹ DO MNIE po wszystko, czego potrzebujesz. Przyjdź do Mnie z dziękczynieniem, bo wdzięczność otwiera drzwi do Mojego skarbca. Będąc wdzięcznym, potwierdzasz podstawową prawdę – prawdę o tym, że jestem Dobry. Jam jest Światło, *w którym nie ma żadnej ciemności*. Pewność, że przepełnia Mnie czysta Dobroć, sprawia, że czujesz się zupełnie bezpieczny. Twoje życie nie podlega kaprysom bóstwa splamionego grzechem.

Odpręż się, mając świadomość, że Ten, który sprawuje kontrolę nad twoim życiem, jest w pełni godny zaufania. Przyjdź do Mnie, pewien, że sprostam twoim oczekiwaniom. Nie ma takiej potrzeby, której nie mógłbym zaspokoić.

Ps 95,2; 1 J 1,5

6 MAJA

Nie szukaj bezpieczeństwa w świecie, który zamieszkujesz. Często w myślach spisujesz listy rzeczy, które musisz zrobić, aby zyskać kontrolę nad swoim życiem. Gdyby tylko udało ci się odhaczyć każdą pozycję, mógłbyś się odprężyć i znaleźć spokój. Jednak im ciężej pracujesz nad tym, aby ten cel osiągnąć, tym lista robi się dłuższa. Im bardziej się starasz, tym większa jest twoja frustracja.

Istnieje lepszy sposób na to, aby znaleźć bezpieczeństwo w tym życiu. Zamiast analizować swoje rozpiski, skup się na Mojej Obecności przy tobie. Nieustanny kontakt ze Mną zapewni ci Mój Pokój. Pomogę ci też zdecydować, co jest ważne, a co nie; co należy zrobić teraz, a co można odłożyć na później. *Wpatruj się nie w to, co widzialne* (świat dookoła), *lecz w to, co niewidzialne* (Moją Obecność).

Iz 26,3*; 2 Kor 4,18

---

* Biblia Gdańska, wyd. cyt.

7 MAJA

Jeśli nauczysz się mi ufać – ufać prawdziwie i całym sobą – nic nie odbierze ci Mojego Pokoju. Nawet z najtrudniejszej sytuacji może wyniknąć coś dobrego, jeśli potraktujesz ją jako okazję do ćwiczenia się w zaufaniu. Tym sposobem krzyżujesz szyki siłom zła – wzrastasz w łasce za sprawą trudności, które miały ci zaszkodzić. Józef dał doskonały przykład tego Boskiego paradoksu, gdy oświadczył swoim braciom: *Wy niegdyś knuliście zło przeciwko mnie, Bóg jednak zamierzył to jako dobro.*

Nie bój się tego, co może przynieść ten lub jakikolwiek inny dzień. Skup się na tym, aby Mi ufać i robić to, co jest do zrobienia. Odpręż się, świadom Moich zwierzchnich rządów nad światem. Pamiętaj, że idę przed tobą i przy tobie – każdego dnia. *Nie lękaj się zła*, ponieważ mogę wykrzesać dobro z każdej sytuacji, jakiej przyjdzie ci stawiać czoła.

Rdz 50,20; Ps 23,4

8 MAJA

NIE TĘSKNIJ za życiem pozbawionym problemów. To nierealistyczne pragnienie, gdyż *na świecie doznasz ucisku*. Wieczna beztroska czeka na ciebie w niebie. Ciesz się tym dziedzictwem, którego nikt nie może ci odebrać, i nie szukaj swojego nieba na ziemi.

Rozpoczynaj każdy dzień od przewidywania możliwych problemów i proś Mnie, abym wyposażył cię we wszystko, co będzie potrzebne do stawienia im czoła. Najlepszym ekwipunkiem jest Moja żywa Obecność, *Moja dłoń, która nigdy nie puści twojej dłoni*. Rozmawiaj ze Mną o wszystkim. Z lekkim sercem myśl o troskach, traktując je jako wyzwanie, któremu razem podołamy. Pamiętaj, że jestem po twojej stronie. Pamiętaj, że *zwyciężyłem świat*.

J 16,33; Iz 41,13; FLP 4,13

9 MAJA

Nie bądź dla siebie taki surowy. Mogę sprawić, że nawet z twoich błędów wyniknie dobro. Twój skończony umysł ma tendencję do spoglądania wstecz. Marzysz o tym, aby móc cofnąć podjęte kiedyś błędne decyzje. To strata czasu i energii, która prowadzi wyłącznie do frustracji. Wyrwij się z sideł przeszłości i powierz Mi swoje błędy. Spoglądaj ku Mnie z zaufaniem i spodziewaj się, że swoją nieskończoną twórczą mocą utkam z twoich dobrych i złych wyborów piękny wzór.

Ponieważ jesteś człowiekiem, nigdy nie przestaniesz popełniać błędów. Myślenie, że życie powinno być wolne od porażek, jest przejawem pychy. Twoje potknięcia mogą być błogosławieństwem, uczą cię bowiem pokory i empatii w stosunku do innych, którzy także są słabi. A co najważniejsze, twoje porażki pokazują, jak bardzo jesteś ode Mnie zależny. Mogę przemienić bagno twoich błędów w piękny krajobraz. Ufaj Mi i czekaj na to, co zrobię.

Rz 8,28; Mi 7,7

10 MAJA

Nie wzbraniaj się i nie uciekaj przed trudnościami. Nie są one dziełem przypadku. Wszelkie trudności to przygotowane specjalnie błogosławieństwa, mające służyć twojemu dobru i rozwojowi. Przyjmuj wszystko, co ci zsyłam, ufając, że wykrzeszę z tego dobro. Postrzegaj problemy jako okazję do tego, aby jeszcze ufniej wspierać się na Moim ramieniu.

Gdy dopada cię niepokój, potraktuj to jako przypomnienie, że bardzo Mnie potrzebujesz. Dzięki temu twoje potrzeby staną się furtką do głębokiego zaufania i większej bliskości między nami. Ludzie cenią sobie samodzielność, ale to gotowość polegania na Mnie daje obfite życie w Moim królestwie. Podziękuj Mi za trudności, które napotykasz w swoim życiu, ponieważ dzięki nim nie oddajesz pokłonu bożkowi niezależności.

J 15,5; 2 Kor 1,8–9; Ef 5,20

11 MAJA

Dziękuj Mi za swoje problemy. Gdy tylko twoje myśli zaczną krążyć wokół któregoś z nich, przynieś Mi go z dziękczynieniem, a potem poproś Mnie, abym pokazał ci wyjście z sytuacji. Dziękując Mi, uwalniasz swój umysł od czarnowidztwa, a ponieważ przenosisz wtedy uwagę na Mnie, problem blednie i przestaje być groźną przeszkodą na twojej drodze. Razem poradzimy sobie z nim – albo otwarcie stawimy mu czoła, albo odłożymy sprawę na później.

Większość spraw, które pochłaniają twoje myśli, nie dotyczy teraźniejszości; wyjąłeś je zza kotary skrywającej przyszłość. Ja zaś zdejmuję je ze sceny dnia dzisiejszego i z powrotem umieszczam w przyszłości, która jest ukryta przed twoimi oczami. W ich miejsce ofiarowuję ci swój Pokój, który promieniuje z Mojej Obecności.

Flp 4,6; J 14,27

12 MAJA

Naucz się opierać swoje relacje z innymi na Mojej, a nie własnej miłości. Ludzka miłość jest ograniczona, pokrętna i pełna braków. Moja miłosna Obecność, która nieustannie ci towarzyszy, jest błogosławieństwem zarówno dla ciebie, jak i dla innych. Zamiast coraz usilniej starać się pomagać innym przy użyciu własnych mizernych środków, pomyśl o Moich nieprzebranych bogactwach, do których masz nieustanny dostęp. Miej Moją Miłość w sercu, wyciągając do innych pomocną dłoń.

Wiele z Moich drogich dzieci padło ofiarą wypalenia. Istotę tego stanu lepiej oddaje słowo „wysuszenie". Liczne interakcje z potrzebującymi wysuszyły Moje dzieci od środka, a one nawet nie zdają sobie z tego sprawy. Ty z kolei jesteś jednym z tych strudzonych, którzy jak ranni żołnierze potrzebują chwili odpoczynku między jedną bitwą a drugą. Odpoczywaj bez pośpiechu w kochającym Świetle Mojej Obecności. Będę stopniowo przywracał ci siły, które traciłeś przez lata. *Przyjdź do Mnie, który jesteś utrudzony i obciążony, a Ja cię pokrzepię.*

Wj 33,14; Mt 11,28–29

13 MAJA

DZIĘKUJ MI w chwilach próby. Gdy wszystko zdaje się iść nie tak, jak powinno, szukaj okazji do rozwoju. Ale przede wszystkim jak najczęściej rezygnuj z walki o to, co doczesne, i składaj swoje troski w Moje ręce. Czy polegasz na tym, jak Ja organizuję twoje życie, czy wciąż próbujesz układać je sobie wedle w ł a s n e j woli? Jeśli uparcie podążasz w obranym przez siebie kierunku, mimo że Ja prowadzę cię w inną stronę, ze swoich pragnień czynisz bożka.

Zwracaj uwagę na to, co J a robię w twoim życiu. Oddawaj Mi cześć swoją bliskością i *dziękuj w każdym położeniu*.

1 P 5,6–7; 1 TES 5,18

14 MAJA

Jestem potężnym Bogiem. *Nie ma dla Mnie nic niemożliwego*. Moją wolą było realizować Moje cele, posługując się ludźmi słabymi, takimi jak ty. Twoja słabość powinna otwierać cię na Moją Moc. A zatem nie przejmuj się swoimi ograniczeniami i nie oceniaj codziennych wyzwań pod kątem swoich sił. Chcę, abyś pozostawał w łączności ze Mną i z ufnością polegał na Moich nieskończonych dobrach. Nie ulegaj panice, gdy przyjdzie ci stawić czoła niespodziewanym wyzwaniom. Pamiętaj, że *jestem z tobą*. Mów do Mnie i słuchaj, gdy mówię do ciebie poprzez trudności.

Nie jestem niedbałym Bogiem. Gdy zsyłam ci kłopoty, wyposażam cię zarazem we wszystko, czego potrzebujesz, aby sobie z nimi poradzić. Odpocznij w Mojej Obecności, ufając w Moją Moc.

Łk 1,37; 2 Kor 12,9

15 MAJA

Spotkania ze Mną są kluczowe dla twojego dobrostanu. Te wspólnie spędzane chwile to nie luksus, ani nie jedna z możliwości; to konieczność. Nie czuj się więc winny, gdy spokojnie odpoczywasz w Moim towarzystwie. Pamiętaj, że Szatan jest *oskarżycielem wierzących* i bardzo lubi obarczać cię poczuciem winy – zwłaszcza w chwilach, gdy cieszysz się Moją Obecnością. Jeśli czujesz, że wypuścił w twoją stronę strzały oskarżeń, prawdopodobnie jesteś na właściwej ścieżce. Użyj *tarczy wiary*, aby się osłonić. Rozmawiaj ze Mną o tym, czego doświadczasz, i proś Mnie, aby wskazał ci dalszą drogę. *Przeciwstaw się diabłu, a ucieknie od ciebie. Przystąp bliżej do Mnie, to i Ja zbliżę się do ciebie.*

Ap 12,10; Ef 6,16; Jk 4,7–8

16 MAJA

Jestem twoim panem! Szukaj Mnie, widząc we Mnie Przyjaciela i Ukochanego swojej duszy, ale pamiętaj, że jestem też Królem królów, który dzierży zwierzchnią władzę nad wszystkim. Możesz robić plany na nadchodzący dzień, ale nie przywiązuj się do nich, licząc się z tym, że Ja mogę mieć inne pomysły. Najważniejsze jest to, abyś ustalił, co powinieneś robić teraz. Zamiast badać horyzont swojego życia i wyglądać kolejnych rzeczy do zrobienia, skoncentruj się na bieżącym zadaniu i na Tym, który nigdy cię nie opuszcza. Niech wszystko inne zejdzie na dalszy plan. To oczyści twój umysł, dzięki czemu będę mógł zajmować coraz większe przestrzenie twojej świadomości.

Ufaj, że gdy skończysz robić to, co robisz, pokażę ci twoje następne zadania. Będę cię prowadził krok po kroku, w miarę jak będziesz naginał swoją wolę do Mojej. Dzięki temu pozostaniesz blisko Mnie na *drodze Pokoju*.

Prz 19,21; Łk 1,79

17 MAJA

Siedząc przy mnie w ciszy, pamiętaj, że jestem Bogiem obfitości. Moje dobra są niewyczerpane, a Moim błogosławieństwom nie ma końca. Żyjesz w świecie popytu i podaży, gdzie często brakuje tego, co niezbędne. Nawet jeśli sam masz wszystkiego pod dostatkiem, widzisz ubóstwo w świecie wokół. Nie jesteś w stanie pojąć obfitości Moich dóbr – pełni Mojego *bogactwa*.

Spędzając ze Mną czas, zaglądasz jak gdyby przez dziurkę od klucza do Mojego przepełnionego skarbca. Jest to przedsmak tego, czego będziesz wiecznie doświadczać w niebie. Nawet teraz daję ci z siebie tyle, ile tylko twoja wiara pozwala ci przyjąć. Ciesz się Moją obfitością, *żyjąc według wiary, a nie dzięki widzeniu*.

Flp 4,19; 2 Kor 5,7

18 MAJA

Przyjdź do mnie. Odłóż swoje plany na bok i *oddawaj Mi cześć w Duchu i prawdzie*, niech Moja Chwała przeniknie cię do głębi. Ufaj Mi na tyle, aby podążać dziś za Mną i realizować Moje cele w wyznaczonym przeze Mnie czasie. Podporządkuj swoje rozliczne plany Mojemu Wielkiemu Planowi. Sprawuję zwierzchnią władzę nad każdą sferą twojego życia.

Musisz mieć do Mnie zaufanie i codziennie szukać Mojej drogi – oto wyzwanie, które stawiam przed tobą wciąż na nowo. Jeśli będziesz ślepo podążał drogą, do której przywykłeś, ominie cię wszystko, co dla ciebie przygotowałem. *Bo jak niebiosa górują nad ziemią, tak drogi Moje – nad twoimi drogami i myśli Moje – nad myślami twoimi.*

J 4,24; Iz 55,8–9

19 MAJA

Chcę, abyś wiedział, że w Mojej Obecności jesteś zupełnie bezpieczny. To fakt, który pozostaje niezależny od tego, co czujesz. Jesteś na drodze do raju i nic nie może cię zatrzymać. W niebie spotkasz się ze Mną twarzą w Twarz i doświadczysz Radości wykraczającej poza wszelki ziemski wymiar. Na ziemi też jestem przy tobie nieustannie, choć musisz na Mnie patrzeć oczami wiary. Będę ci towarzyszył po kres czasu i jeszcze dłużej – przez całą wieczność.

To, że możesz być absolutnie pewien Mojej Obecności, nie zawsze znajduje odzwierciedlenie w twoich uczuciach. Kiedy zapominasz, że jestem z tobą, możesz czuć się samotny lub wystraszony. Przypomnij sobie o Mojej Obecności, a miejsce tych negatywnych uczuć zajmie Mój Pokój. Ucz się świadomie przemierzać ze Mną kolejne dni.

1 Kor 13,12; Ps 29,11

20 MAJA

PRZYJDŹ DO MNIE, gdy przygniata cię ciężar twoich win. Wyznaj Mi swoje grzechy, które znam doskonale, zanim cokolwiek powiesz. Trwaj w Świetle Mojej Obecności, przyjmując Moje wybaczenie i poddając się Mojej oczyszczającej i uzdrawiającej Mocy. Pamiętaj, że *okryłem cię płaszczem sprawiedliwości*, więc nic nie może cię ode Mnie oddzielić. Ilekroć potykasz się lub upadasz, jestem przy tobie, aby ci pomóc.

Człowiek ma tendencję do skrywania się przed własnymi grzechami, szukając schronienia w mroku. Tam zaczyna sobie pobłażać: użala się nad sobą, wytyka sobie winy i grzęźnie w nienawiści do samego siebie lub wypiera się swoich przewinień i nabiera przekonania o własnej nieomylności. Ale Ja jestem *Światłością świata* – Światłością, która zwycięża ciemność. Zbliż się do Mnie i trwaj w Moim Blasku, który rozprasza mrok i napełnia cię Pokojem.

1 J 1,7; Iz 61,10; J 8,12

21 MAJA

Ja, stworzyciel wszechświata, jestem z tobą i dla ciebie. Czy potrzeba ci czegoś więcej? Gdy masz wrażenie, że ci czegoś brakuje, oznacza to, że nie trwasz w głębokiej łączności ze Mną. Daję ci obfite życie; twoją rolą jest Mi ufać i o nic się nie martwić.

Twój niepokój wywołany jest nie tyle samymi przeciwnościami, co myśleniem o nich. Wytężasz umysł, chcąc zapanować nad sytuacją i osiągnąć swój cel. Twoje myśli krążą wokół problemu niczym stado wygłodniałych wilków. Zdeterminowany, by postawić na swoim, zapominasz, że to Ja sprawuję kontrolę nad twoim życiem. Odwróć się od problemu i skup się na Mnie – to twój jedyny ratunek. Zaniechaj wszelkich starań i czekaj na Moje działanie. *Ja jestem Panem!*

Rz 8,31–32; Mi 7,7

22 MAJA

Gdy sprawy nie układają się po twojej myśli, natychmiast to zaakceptuj. Nadmiernie pielęgnowany żal może przerodzić się w urazę. Pamiętaj, że sprawuję zwierzchnią władzę nad wszystkim i *ukorz się pod Moją mocną ręką*. Ciesz się tym, co robię w twoim życiu, mimo że nie jesteś w stanie tego pojąć.

Ja jestem Drogą, Prawdą i Życiem. We Mnie masz wszystko, czego ci trzeba – zarówno w wymiarze doczesnym, jak i wiecznym. Nie dopuść, aby świat zachwiał twoim sposobem myślenia lub odwrócił twoją uwagę ode Mnie. Największe wyzwanie, jakie przed tobą stoi, to nieustanne wpatrywanie się we Mnie, bez względu na to, co dzieje się dookoła. Gdy zajmuję centralne miejsce w twoim umyśle, możesz patrzeć na życie z Mojej perspektywy.

1 P 5,6*; J 14,6

---

* Biblia Warszawska, wyd. cyt.

23 MAJA

KAŻDY NOWY DZIEŃ ROZPOCZYNAJ, pragnąc Mnie odnaleźć. Jeszcze zanim wstałeś z łóżka, Ja już przygotowałem ci ścieżkę dnia dzisiejszego. W strategicznych punktach wzdłuż drogi ukryłem skarby dla ciebie. Niektóre z nich to próby, które mają cię uwolnić z ziemskich oków; inne to błogosławieństwa, które objawią ci Moją Obecność – promienie słońca, kwiaty, ptaki, przyjaźń, wysłuchane modlitwy. Nie opuściłem tego pogrążonego w grzechu świata; jestem w nim żywo obecny.

Szukaj głęboko ukrytego skarbu, przemierzając dzisiejszy dzień. Znajdziesz Mnie na każdym kroku swojej podróży.

KOL 2,2–3; IZ 33,6

24 MAJA

Przynieś mi swój umysł, abym go pokrzepił i odnowił. Niech Moja Obecność przeniknie twoje myśli. Gdy twój umysł zwalnia, odprężasz się fizycznie i ponownie uświadamiasz sobie Moją Obecność. Świadoma pamięć o Mnie ma zasadnicze znaczenie dla twojego duchowego dobrostanu; to twoje duchowe koło ratunkowe.

Świat, w którym żyjesz, ma tak naprawdę więcej niż cztery wymiary. Oprócz trzech wymiarów przestrzennych i jednego wymiaru czasowego istnieje jeszcze wymiar otwartości na Moją Obecność. Przenika on wszystkie inne, dając ci zapowiedź nieba, gdy wciąż jeszcze przebywasz na ziemi. Jest to część Mojego przedwiecznego planu względem ludzkości. Zanim Adam i Ewa zostali wygnani z raju, spacerowali ze Mną po ogrodzie. Pragnę, żebyś spacerował ze Mną po ogrodzie swojego serca, gdzie stale mieszkam.

Rdz 3,8; Ps 89,16

25 MAJA

Świat cię za bardzo przytłacza, Moje dziecko. Twoje myśli biegną od jednego problemu do drugiego, nerwowo się zapętlając. Gdy tak się dzieje, przestajesz myśleć o Mnie i twój umysł pogrąża się w mroku. Pragnę ci pomóc, ale nie będę ograniczał twojej swobody. Stoję cicho pod ścianą twojej czaszki, czekając, aż przypomnisz sobie, że jestem z tobą.

Gdy odwrócisz się od problemów i skupisz na Mojej Obecności, od razu będzie ci lżej iść. Okoliczności być może się nie zmienią, ale będziemy dźwigać twój ciężar razem. Twój wewnętrzny przymus, aby wszystko „naprawiać", ustąpi miejsca głębokiej, radosnej łączności ze Mną. Razem poradzimy sobie ze wszystkim, co przyniesie dzień.

Iz 41,10; So 3,17; Ps 34,20

26 MAJA

W ŚWIECIE nieubłaganych zmian Ja jestem Tym, który nigdy się nie zmienia. *Jam Alfa i Omega, Pierwszy i Ostatni, Początek i Koniec.* Szukaj we Mnie stabilności, której pragniesz.

Stworzyłem pięknie uporządkowany świat – świat, który odzwierciedla Moją doskonałość, ale utknął w niewoli grzechu i zła. Każdy człowiek na tej planecie stoi przed rozwartymi szczękami niepewności. Jedynym lekarstwem na to straszne zagrożenie jest zbliżenie się do Mnie. Ze Mną możesz stawić czoła niepewności z niezachwianym Pokojem.

Ap 22,13; J 16,33

27 MAJA

Szukaj Mojego oblicza o poranku. Gdy Mnie znajdziesz, możesz Mnie „przywdziać" i „nosić" aż do wieczora. Większość ludzi tuż po wstaniu z łóżka wkłada na siebie ubrania, a ty możesz „ubrać się" we Mnie. Im szybciej Mnie „przywdziejesz" przez nawiązanie ze Mną kontaktu, tym lepiej przygotujesz się na nadchodzący dzień.

„Nosić Mnie" znaczy „mieć Mój umysł" – myśleć tak jak Ja. Poproś Mojego Ducha, aby przejął kontrolę nad twoimi myślami; niech Jego odnawiająca Moc cię przemieni. Dzięki temu będziesz gotów stawić czoła osobom i sytuacjom, które ci zsyłam. Przyoblekając we Mnie swój umysł, przygotowujesz się na nadchodzący dzień w najlepszy możliwy sposób. Ten rodzaj dyscypliny przynosi Radość i Pokój tobie oraz ludziom wokół ciebie.

Ps 27,8; Rz 13,14; Kol 3,12

28 MAJA

POZWÓL, ŻE NAMASZCZĘ CIĘ Moją Obecnością. *Jam jest Król królujących i Pan panujących, który zamieszkuje Światłość niedostępną. Kiedy przystępujesz bliżej Mnie, Ja także zbliżam się do ciebie.* Gdy przenika cię Moja Obecność, możesz czuć się onieśmielony Moją Mocą i Łaską. Poczucie, że jesteś przy Mnie nieskończenie mały, także jest formą czci.

Człowiek zwykł uważać się za miarę wszechrzeczy, ale jego umysł jest zbyt ograniczony, aby pojąć Moją majestatyczną wielkość. Dlatego właśnie większość ludzi w ogóle Mnie nie widzi, choć wszyscy *we Mnie żyją, poruszają się i istnieją.*

Ciesz się promiennym pięknem Mojej Obecności. Obwieszczaj Moje chwalebne Istnienie całemu światu!

1 Tm 6,15–16; Jk 4,8; Dz 17,28; Ps 145,3–6

29 MAJA

JESTEM Z TOBĄ i nieprzerwanie nad tobą czuwam. Jam jest Emmanuel (*Bóg z tobą*); Moja Obecność otacza cię promienną Miłością. Nic nie może cię ode Mnie oddzielić, nawet najwspanialsze błogosławieństwa i najstraszniejsze próby. Niektóre z Moich dzieci chętniej zwracają się do Mnie w ciężkich chwilach, gdy są zmuszone wesprzeć się na Mnie. Inne czują się bliżej ze Mną związane, gdy ich życie jest pełne rzeczy dobrych. Składają Mi dzięki i wychwalają Moje Imię, a to otwiera wrota Mojej Obecności.

Wiem doskonale, czego potrzebujesz, aby się do Mnie zbliżyć. Przemierzaj każdy dzień, rozglądając się za tym, co dla ciebie przygotowałem. Przyjmuj każde zdarzenie jako idealnie skrojone na twoje potrzeby. Gdy patrzysz na życie w ten sposób, najrozsądniejszą reakcją jest wdzięczność. Nie odrzucaj żadnego z Moich darów; szukaj Mnie w każdej sytuacji.

MT 1,23; KOL 2,6–7

30 MAJA

Nasze spotkania powinny być niespieszne. Gdy jesteś w pośpiechu, twój umysł przeskakuje między Mną a czekającymi cię zadaniami. Odsuń wszystkie naglące sprawy na bok i stwórz wokół siebie bezpieczną przestrzeń – schronienie, w którym możesz odpocząć w Moim towarzystwie. Ja także pragnę tego czasu wzmożonej uwagi i wykorzystuję go, aby cię pobłogosławić – dodaję ci sił i przygotowuję cię na nadchodzący dzień. A zatem czas spędzony ze Mną jest mądrą inwestycją.

Złóż Mi ofiarę ze swojego cennego czasu. W ten sposób tworzysz wokół siebie świętą przestrzeń – przestrzeń przesyconą Moją Obecnością i Pokojem.

Ps 119,27; 2 Krn 16,9; Hbr 13,15

31 MAJA

POKÓJ, KTÓRY CI DAJĘ, przerasta twój umysł. Gdy większość swojej mentalnej energii przeznaczasz na to, by starać się zrozumieć, nie jesteś w stanie przyjąć tego cudownego daru. Zaglądam w twój umysł i widzę wirujące w szalonym pędzie myśli – biegną donikąd, nic nie osiągają. Tymczasem Mój Pokój krąży gdzieś nad tobą, szukając miejsca, gdzie mógłby osiąść.

Trwaj w Mojej Obecności, pozwalając Mi kontrolować swoje myśli. Niech Moje Światło przenika twój umysł i serce, aż w końcu zaczniesz jaśnieć Moim Blaskiem. To najskuteczniejszy sposób przyjęcia mojego Pokoju.

2 TES 3,16; HI 22,21

Czerwiec

Albowiem Ja, Pan, twój Bóg, ująłem cię za prawicę, mówiąc ci: Nie lękaj się, przychodzę ci z pomocą.

Iz 41,13

1 CZERWCA

MAM SWÓJ UDZIAŁ w każdej chwili twojego życia. Starannie zaplanowałem każdy odcinek dzisiejszego szlaku, choć duża jego część może ci się wydać dziełem przypadku. Ponieważ świat jest zepsuty, masz wrażenie, że wszystko się rozpada. Spodziewaj się dziś kłopotów. Jednocześnie ufaj, że *Moja droga jest nieskalana* – nawet w tym niedoskonałym, pogmatwanym świecie.

Myśl o Mnie przez cały dzień i pamiętaj, że nigdy cię nie opuszczam. Podążaj krok w krok za Moim Duchem, który będzie cię chronił przed zbędnymi próbami, a przygotuje cię na te, które musisz znieść. Przeprawiając się przez szlam tego zepsutego świata, myślami bądź ze Mną w niebiańskich krainach. Gdy myślisz o tym, co Boskie, opromienia cię Światło Mojej Obecności, które daje ci niezachwiany Pokój i nieprzemijającą Radość.

Ps 18,31; Iz 41,13

2 CZERWCA

ODPOCZNIJ W MOJEJ KOJĄCEJ, świętej Obecności. *Zatrzymaj się*, a Ja będę przemieniał twój umysł i serce. Porzuć troski i zmartwienia, aby przyjąć Mój Pokój. *Zatrzymaj się i we Mnie uznaj Boga.*

Nie bądź jak faryzeusze, którzy mnożyli przepisy, tworząc własne pojęcie pobożności. Faryzeusze byli tak pochłonięci własnymi przykazaniami, że stracili z oczu Mnie. Nawet w dzisiejszych czasach wymyślone przez człowieka zasady dotyczące chrześcijańskiego życia zniewalają wielu wierzących. Zasady te koncentrują się na uczynkach, a nie na Mnie.

Jeśli chcesz stać się podobny do Mnie, musisz Mnie dogłębnie poznać. W tym celu powinieneś spędzać ze Mną czas sam na sam. Odpręż się, *zatrzymaj się i we Mnie uznaj Boga.*

Ps 46,11; 1 J 3,2

3 CZERWCA

Chcę stanowić centrum całej twojej istoty. Gdy intensywnie o Mnie myślisz, Mój Pokój zajmuje miejsce twoich lęków i trosk. Te wrogie siły otoczą cię ciasnym kręgiem, szukając wejścia, więc musisz zachowywać czujność. Niech ufność i wdzięczność stoją na straży, odpędzając od ciebie strach. W Mojej Miłości, która nieustannie roztacza nad sobą swój Blask, *nie ma lęku*. Trwaj w ciszy w Moim miłosnym Świetle, a Ja będę cię napełniać Moim promiennym Pokojem. Skieruj wszystkie swoje siły na to, aby Mnie kochać i Mi ufać.

2 Tes 3,16; 1 J 4,18

4 CZERWCA

TRAKTUJ TRUDNE CHWILE jako okazję do tego, aby okazać Mi swoje zaufanie. Ze Mną u swojego boku i Moim Duchem w sercu jesteś w stanie poradzić sobie ze wszystkim. Gdy ścieżka przed tobą jest najeżona przeszkodami, uważaj, aby nie oceniać poziomu swoich sił pod kątem czekających cię wyzwań. Inaczej na pewno ogarnie cię niepokój. Beze Mnie nie pokonałbyś nawet pierwszej przeszkody!

Gdy czeka cię trudny dzień, złap Mnie mocno za rękę i pozostawaj ze Mną w bliskim kontakcie. Niech wdzięczność i zaufanie przesycą twoje myśli i słowa. Bez względu na to, jakie problemy przyniesie dzień, *zachowam cię w Pokoju*, jeśli nie będziesz się ode Mnie oddalał.

Jk 1,2; Flp 4,13; Iz 26,3*

---

* Biblia Gdańska, wyd. cyt.

5 CZERWCA

Pamiętaj, że żyjesz w zepsutym świecie – w świecie chorym, skażonym grzechem. Frustracja i porażki często są wynikiem dążenia do doskonałości już na ziemi. A przecież w tym świecie nie ma nic doskonałego oprócz Mnie. To dlatego nasza bliskość zaspokaja twoje głębokie pragnienia i napełnia cię Radością.

Tęsknotę za doskonałością zasiałem w każdym ludzkim sercu. To dobre pragnienie, które tylko Ja mogę zaspokoić. Jednak wiele z Moich dzieci szuka tego spełnienia w innych ludziach oraz ziemskich przyjemnościach i osiągnięciach. W ten sposób tworzą sobie bożki, którym oddają pokłon. *Nie będziesz miał cudzych bogów obok Mnie!* Uczyń Mnie najgłębszą potrzebą swojego serca. Pozwól Mi zaspokajać twoje pragnienie doskonałości.

Wj 20,3; Ps 37,4

6 CZERWCA

SZUKAJ MOJEGO OBLICZA, a znajdziesz zaspokojenie swoich najgłębszych pragnień. Mój świat jest pełen piękna, które ma przywodzić na myśl Mnie i przypominać o Mojej stałej Obecności. Ziemia nieustannie obwieszcza Moją Chwałę tym, którzy mają oczy do patrzenia i uszy do słuchania.

Zanim zacząłeś Mnie intensywnie szukać, twój umysł spowijały ciemności. Postanowiłem napełnić cię Moim światłem, abyś mógł być latarnią dla innych. Jednak nie ma tu miejsca na dumę; twoją rolą jest odbijanie światła M o j e j Chwały. To Ja jestem Panem!

Ps 105,4; Ps 19,2–3; Iz 60,2

7 CZERWCA

Spowijam cię całego kokonem Światła. Moja Obecność przy tobie jest pewna, bez względu na to, czy jesteś jej świadom. Twoją świadomość może blokować wiele rzeczy, ale głównym winowajcą jest zatroskanie. Moje dzieci często traktują zmartwienia jako nieuniknioną część życia. Jednak prawda jest taka, że troski są przejawem braku wiary; to coś, czego nie znoszę.

Kto sprawuje władzę nad twoim życiem? Ty? Jeśli tak, to masz poważny powód do zmartwienia. Jeśli to Ja trzymam stery, zatroskanie nie tylko nie ma sensu, ale wręcz przynosi efekt odwrotny od zamierzonego. Gdy zaczynasz się czymś niepokoić, powierz Mi swój kłopot. Odsuń się nieco i skup na Mnie. Albo sam rozwiążę twój problem, albo pokażę ci, jak możesz sobie z nim poradzić. Na tym świecie będziesz miał problemy, ale nie wolno ci tracić Mnie z oczu.

Łk 12,22–31; J 16,33

8 CZERWCA

CHCĘ CIĘ MIEĆ CAŁEGO, przepełnionego Światłem Mojej Obecności. Poświęciłem dla ciebie wszystko, stając się człowiekiem, umarłem za twoje grzechy i zmartwychwstałem. Niczego przede Mną nie ukrywaj. Pozwól, aby Światło Mojej Miłości opromieniło twoje najbardziej sekretne myśli. Każdą twoją myśl mogę oczyścić i wyprowadzić z mroku. Wiem o tobie wszystko, o wiele więcej niż ty sam. Jednak powstrzymuję się przed udzieleniem ci pomocy i czekam, aż sam Mnie o to poprosisz. Wyobraź sobie, jak wielkiej wymaga to powściągliwości, skoro *dana Mi jest wszelka władza w niebie i na ziemi*.

Szukaj Mojego Oblicza z pojętnym duchem. Przyjdź do Mnie z dziękczynieniem i pragnieniem wewnętrznych zmian.

Mt 28,18; Ps 100,4

9 CZERWCA

STARAJ SIĘ ŻYĆ W MOJEJ MIŁOŚCI, która *zakrywa wiele grzechów* – zarówno twoich, jak i cudzych. Noś Moją Miłość niczym świetlisty płaszcz okrywający całe ciało. Nie lękaj się, gdyż *doskonała Miłość usuwa lęk*. Spoglądaj na innych przez soczewki Miłości; patrz na nich z Mojej perspektywy. Dzięki temu będziesz kroczył w Świetle i sprawisz Mi przyjemność.

Chcę, aby Ciało wierzących jaśniało Blaskiem Mojej Obecności. Smucę się, gdy strefa mroku pochłania Moje miłosne Światło. Wróć do Mnie, Jam jest twoją *Pierwotną Miłością*! Wpatruj się we Mnie w splendorze Mojej świętości, a Moja Miłość ponownie opromieni cię swoim Blaskiem.

1 P 4,8; 1 J 4,18; Ap 2,4

10 CZERWCA

ODPOCZNIJ WE MNIE, MOJE DZIECKO. Niech twój umysł odetchnie od planowania i przewidywania. *Nieustannie się módl*, prosząc Mojego Ducha, aby panował nad wszystkim, co się dziś wydarzy. Pamiętaj, że podróżujesz w Moim towarzystwie. Usiłując zajrzeć w przyszłość i przygotować się na każdą ewentualność, ignorujesz swojego nieodłącznego Towarzysza, który cały czas ci pomaga. Wpatrujesz się w dal z niepokojem i nawet nie czujesz, jak mocno ściskam twoją rękę. To takie niemądre, Moje dziecko!

Pamięć o Mnie jest twoim codziennym obowiązkiem. Nigdy nie zapominaj o Mojej Obecności przy tobie. Dzięki temu będziesz odpoczywać we Mnie przez cały dzień, co dzień.

1 TES 5,17; PS 62,6

11 CZERWCA

MIEJ UFNOŚĆ *i się nie lękaj, bo jestem twoją Mocą i Pieśnią*. Nie marnuj swoich sił na strach. Spożytkuj je na to, aby Mi ufać i śpiewać Moją Pieśń. Walka o panowanie nad twoim umysłem jest zacięta, a lata trosk uczyniły cię podatnym na ataki wroga. Musisz więc czujnie strzec swoich myśli. Nie gardź swoją słabością: wykorzystuję ją, aby przyciągnąć cię do siebie. To, że nieustannie Mnie potrzebujesz, rodzi między nami wielką bliskość, która jest warta wszystkich twoich wysiłków. Nie jesteś sam w walce o swój umysł. Mój Duch, który w tobie mieszka, jest zawsze gotów ci pomóc w twoich zmaganiach. Poproś Go, aby panował nad twoim umysłem; *On obdarzy cię Życiem i Pokojem*.

Iz 12,2; Rz 8,6

12 CZERWCA

CHCĘ CI POMÓC przemierzyć ten dzień. Istnieje wiele możliwych ścieżek, którymi możesz pójść, zanim wieczorem położysz się spać. Zwracaj baczną uwagę na liczne rozwidlenia i nie zapominaj o Mojej Obecności. Przemierzysz ten dzień w taki albo inny sposób. Możesz jęczeć i narzekać, powłóczyć nogami i potykać się co kilka kroków. Dobrniesz w ten sposób do wieczora, ale jest lepszy sposób: możesz iść ze Mną ścieżką Pokoju, wspierając się na Mnie, gdy tylko potrzebujesz. Wciąż będziesz napotykał trudności, ale stawisz im pewnie czoła, polegając na Mojej sile. Podziękuj Mi za każdy problem, z którym musisz się mierzyć, i patrz, jak przemieniam próby w błogosławieństwa.

1 KOR 10,10; ŁK 1,79

13 CZERWCA

TWORZĘ w tobie nowe dzieło – rwący strumień Radości, którego wody rozlewają się na życie innych. Nie traktuj tej Radości jako własnej i nie próbuj się nią szczycić. Obserwuj z zachwytem, jak Mój Duch przepływa przez ciebie i błogosławi innym. Stań się spiżarnią pełną Jego owoców.

Twoją rolą jest żyć blisko Mnie i poddawać się wszystkim Moim działaniom. Nie próbuj zapanować nad Duchem, który przez ciebie przepływa. Po prostu skupiaj się na Mnie w każdej chwili naszej wspólnej podróży przez dzisiejszy dzień. Ciesz się Moją Obecnością, która napełnia cię *Miłością, Radością i Pokojem*.

J 3,8; Ga 5,22

14 CZERWCA

UKOCHAŁEM CIĘ *odwieczną Miłością*. Znałem cię, jeszcze zanim powstał czas. Długie lata pływałeś w morzu bezsensu, szukając Miłości i nadziei. Przez cały ten czas podążałem za tobą i marzyłem o tym, aby ze współczuciem wziąć cię w ramiona.

Gdy nadszedł właściwy moment, objawiłem ci swoje Oblicze. Wydobyłem cię z morza rozpaczy i złożyłem na stabilnym gruncie. Czasem czujesz się nagi – wystawiony na działanie Światła Mojej Obecności, w którym nic się nie ukryje. Jednak przyodziałem cię w szatę z gronostajów – *Mój płaszcz sprawiedliwości*. Śpiewam ci miłosną pieśń, która nie ma początku ani końca. Tchnąłem sens w twój umysł i harmonię w twoje serce. Śpiewaj Moją pieśń wraz ze Mną. Razem będziemy wydobywać innych z ciemności i *powoływać do Mojego cudownego Światła*.

JR 31,3; IZ 61,10; 1 P 2,9[*]

---

[*] Biblia Warszawsko-Praska, wyd. cyt.

15 CZERWCA

GDY PRZYCHODZISZ DO MNIE skupiony i ufny, dodaję ci sił. Potrzebujesz otuliny ciszy, aby *wpatrywać się w to, co niewidzialne*. Ponieważ jestem niewidzialny, nie możesz pozwolić, aby twoje myślenie zdominowały zmysły. Przekleństwem dzisiejszych czasów jest nadmiar zmysłowych bodźców, przeszkadzający w postrzeganiu niewidzialnego świata.

Jednak widzialny świat także obwieszcza Moją Chwałę tym, którzy mają oczy do patrzenia i uszy do słuchania. Jeśli chcesz być jednym z nich, powinieneś koniecznie spędzać ze Mną czas sam na sam. Chodzi o to, abyś był świadom tego, co niewidzialne, chociaż żyjesz w widzialnym świecie.

2 Kor 4,18; Iz 6,3; Ps 130,5

16 CZERWCA

ZOSTAŃ ZE MNĄ NA DRODZE DOBRA. Wiele głosów domaga się twojej uwagi i próbuje skierować cię na inną ścieżkę. Ale wezwałem cię do tego, abyś szedł blisko Mnie, nasiąkając Moją Obecnością i trwając w Moim Pokoju. To Mój wyjątkowy plan na twoje życie, który powziąłem jeszcze przed powstaniem świata.

Każde z Moich dzieci wezwałem do pójścia inną ścieżką, wyznaczoną wyłącznie dla niego. Nie daj się nikomu przekonać, że jego droga jest jedynym słusznym wyborem. I pilnuj się, aby nie wychwalać własnej ścieżki, twierdząc, że jest lepsza niż inne. Pragnę, abyś *czynił sąd, miłował miłosierdzie i szedł ze Mną w pokorze* – wszędzie tam, gdzie cię poprowadzę.

Ef 2,10; Mi 6,8*

---

* Biblia Gdańska, wyd. cyt.

17 CZERWCA

Naucz się śmiać z samego siebie. Nie traktuj siebie i swojej sytuacji zbyt poważnie. Odpręż się i wiedz, że jestem Emmanuel, *Bóg z tobą*. Gdy twoim największym pragnieniem jest wypełnianie Mojej woli, życie nie wydaje się już takie groźne. Przestań usiłować mieć nadzór nad Moimi zadaniami – sprawami, które są poza twoją kontrolą. Znajdź wolność, akceptując własne ograniczenia.

Śmiech sprawia, że twoje brzemię staje się lżejsze, a serce unosi się w niebiańskie krainy. Radosne tony wzlatują w przestworza i łączą się z anielskimi pieśniami pochwalnymi. Raduję się, słysząc śmiech swoich dzieci – tak jak każdy rodzic. Przepełnia Mnie radość, gdy widzę, że ufasz Mi na tyle, by móc beztrosko cieszyć się życiem.

Zrzuć ze swoich barków ciężar ziemskich spraw, który odbiera ci Radość Mojej Obecności. Lepiej *weź na siebie Moje jarzmo i ucz się ode Mnie. Albowiem jarzmo Moje jest słodkie, a Moje brzemię lekkie.*

Prz 17,22; Prz 31,25; Mt 1,23; Mt 11,28–30

18 CZERWCA

Jesteś moim ukochanym dzieckiem. *Wybrałem cię przed założeniem świata*, abyś szedł ze Mną ścieżką, którą wytyczyłem specjalnie dla ciebie. Zamiast próbować przejrzeć Moje względem ciebie plany, skupiaj się na dotrzymywaniu Mi kroku. Jeśli wierzysz, że Moje plany są *pełne pokoju, a nie zguby*, możesz się odprężyć i cieszyć chwilą bieżącą.

Twoja nadzieja i przyszłość mają swoje źródło w niebie, gdzie czeka cię wieczna błogość. Żadna siła nie może odebrać ci twojego dziedzictwa, na które składają się niewyobrażalne bogactwa i niepojęte szczęście. Czasem daję ci przedsmak tej chwalebnej przyszłości, aby cię zachęcić i pobudzić do działania. Jednak twoim głównym celem powinna być bliskość ze Mną. Tempo, które wyznaczam, sprzyja twoim potrzebom i realizacji Moich celów.

Ef 1,4; Prz 16,9; Jr 29,11; Ef 1,13–14

19 CZERWCA

JESTEM MOCNYM FUNDAMENTEM, na którym możesz tańczyć, śpiewać i radować się Moją Obecnością. Oto, do czego cię wzywam. To wzniosłe i święte powołanie; przyjmij je niczym cenny dar. Gdy *Mnie sławisz i radujesz się Mną*, spełniasz misję, która ma o wiele większe znaczenie niż uporządkowane i dobrze zorganizowane życie. Przestań usilnie się starać wszystko kontrolować – to niewykonalne zadanie, na które niepotrzebnie tracisz swoją cenną energię.

Każde ze swoich dzieci prowadzę inną drogą. Oto dlaczego słuchanie Mnie jest tak ważne dla twojego dobrostanu. Pozwól, że przygotuję cię na nadchodzący dzień i wskażę właściwy kierunek. Jestem z tobą bez przerwy, więc nie pozwól, aby sparaliżował cię strach. Choć idzie za tobą krok w krok, nie może wyrządzić ci żadnej krzywdy, dopóki mocno trzymasz Moją dłoń. Patrz na Mnie, ciesząc się Pokojem w Mojej Obecności.

Ps 5,12[*]; Ef 3,20–21; Jud 24–25; Joz 1,5

---

[*] Biblia Warszawsko-Praska, wyd. cyt.

20 CZERWCA

MÓWIĘ DO CIEBIE NIEUSTANNIE. W Mojej naturze leży przemawianie do ludzi, choć nie zawsze czynię to za pomocą słów. Codziennie rozświetlam niebo cudownym zachodem słońca. Mówię poprzez twarze i głosy bliskich ci osób. Głaszczę cię delikatnym wiatrem, który cię odświeża i zachwyca. Przemawiam łagodnym głosem, który dociera do najgłębszych zakamarków twojej duszy, gdzie stale mieszkam.

Możesz znaleźć Mnie w każdym momencie, jeśli masz oczy do patrzenia i uszy do słuchania. Poproś Mojego Ducha, aby wyostrzył twój duchowy wzrok i słuch. Raduję się, ilekroć odkrywasz Moją Obecność. Szukaj Mnie i nasłuchuj Mojego głosu w codziennych chwilach ciszy. Z czasem będziesz Mnie odnajdywał coraz częściej. *Będziesz Mnie szukać i znajdziesz Mnie, albowiem będziesz Mnie szukać z całego serca.*

Ps 8,2–5; Ps 19,2–3; 1 Kor 6,19; Jr 29,13

21 CZERWCA

TRWAJ PRZY MNIE CIERPLIWIE, a Ja będę cię błogosławił. Nie przybiegaj do Mnie z umysłem udręczonym świadomością uciekającego czasu. Ja bytuję poza czasem – jestem *Ten, Który jest, Który był i Który przychodzi*. Dla ciebie czas stanowi formę ochrony; jesteś wątłą istotą, która nie poradziłaby sobie z życiem, gdyby nie było ono podzielone na dwudziestoczterogodzinne odcinki. Ale czas bywa też tyranem, niestrudzenie tykając w twojej głowie. Naucz się nad nim panować, w przeciwnym razie to on będzie panował nad tobą.

Choć jesteś uzależniony od czasu, staraj się ze Mną spotkać poza jego granicami. Gdy skupisz się na Mojej Obecności, ograniczenia czasowe i czekające cię zadania staną się nieistotne. *Będę cię błogosławił i strzegł, rozpromieniając nad tobą Moje Oblicze i dając ci Pokój.*

MI 7,7; AP 1,8; LB 6,24–26

22 CZERWCA

Podziękuj mi za wszystko, co cię trapi. Jesteś na granicy buntu, niebezpiecznie bliski tego, aby pogrozić Mi pięścią. Czujesz pokusę, aby odrobinę ponarzekać na to, jak cię traktuję. Ale gdy przekroczysz tę linię, potoki gniewu i żalu nad samym sobą mogą cię ponieść w nieznane. Najlepszą formą ochrony przed tym błędem jest dziękczynienie. Nie możesz Mi dziękować i przeklinać Mnie jednocześnie.

Dziękowanie Mi za próby może z początku wydać ci się niezręczne. Ale jeśli wytrwasz, wypowiedziane w wierze słowa wdzięczności w końcu odmienią twoje serce. Wdzięczność otwiera ci oczy na Moją Obecność, która usuwa twoje problemy w cień.

Ps 116,17; Flp 4,4-6

23 CZERWCA

Niech moja miłość przepływa przez ciebie wartkim strumieniem, zmywając strach i zwątpienia. Chcąc okazać Mi zaufanie, musisz uwzględniać Mnie, obmyślając drogę wyjścia z tej czy innej sytuacji. Ponieważ obiecałem ci swą nieustanną Obecność, możesz mieć pewność, że nigdy nie stawiasz niczemu czoła w pojedynkę. Moje dzieci wychowują się na prawdzie o tym, że jestem stale przy nich, lecz mimo wszystko błądzą jak we mgle, nieświadome Mojej kochającej Obecności. Jakże Mnie to zasmuca!

Gdy wędrujesz ze Mną przez swoje dni i zdajesz się na Mnie z ufnością, koisz Moje obolałe serce. Ilekroć twoje myśli zaczynają błądzić, łagodnie skieruj je w Moją stronę. Tym, na czym Mi najbardziej zależy podczas naszej wspólnej wędrówki, jest wytrwałość, nie doskonałość.

Ps 52,10; Pwt 31,6; Ef 4,30

24 CZERWCA

Trzymaj moją dłoń i ufaj. Dopóki jesteś świadom Mojej Obecności przy tobie, wszystko jest w porządku. Potknięcie się w blasku Mojego Światła jest prawie niemożliwe. Stworzyłem cię w taki sposób, abyś odnajdywał we Mnie większą Radość niż w czymkolwiek innym. Jestem najgłębszym spełnieniem wszystkich pragnień twojego serca.

Trwożne, niespokojne myśli nikną w Świetle Mojej Obecności. Gdy się ode Mnie odwracasz, stajesz się bezbronny wobec mroku, którego na świecie nigdy nie braknie. Nie dziw się, jak łatwo ci zgrzeszyć, gdy nie trzymasz mocno Mojej dłoni. Na ziemi zależność jest postrzegana jako przejaw niedojrzałości, ale w Moim królestwie jest miarą dojrzałości.

Iz 41,10; Ps 62,6–7

25 CZERWCA

Wyciągnij dłonie i otwórz serce, aby przyjąć ten dzień jako cenny dar ode Mnie. Każdy poranek rozpoczynam wschodem słońca, obwieszczając światu Moją promienną Obecność. Planuję twój dzień, jeszcze zanim wstaniesz z łóżka. Niecierpliwie wyczekuję twojej pierwszej myśli. Cieszę się, gdy spoglądasz ku Mnie.

Przynieś Mi dar dziękczynienia, który otwiera twoje serce na głęboką łączność ze Mną. Ponieważ jestem Bogiem wszelkich błogosławieństw, wdzięczność jest najlepszym sposobem na to, aby się do Mnie zbliżyć. Śpiewaj Mi pochwalne pieśni; mów o Moich cudownych dziełach. Pamiętaj, że *raduję się wielce nad tobą; weselę się nad tobą z śpiewaniem.*

Ps 118,24; Ps 95,2; So 3,17[*]

---

[*] Biblia Gdańska, wyd. cyt.

26 CZERWCA

WPATRUJ SIĘ WE MNIE ze spokojem, bez względu na to, co się będzie dziś działo. Pamiętaj, że idę przed tobą, a jednocześnie obok ciebie. Nic nie jest w stanie Mnie zaskoczyć. Dopóki będziesz ku Mnie spoglądał, nie dopuszczę do tego, aby to, co się zdarzy, przytłoczyło cię. Pomogę ci we wszystkim, z czym będziesz musiał się zmierzyć. Współdziałanie ze Mną przynosi *bezmiar chwały przyszłego wieku*, a świadomość Mojej Obecności daje Radość, która nigdy nie przemija.

Ps 23,1–4; 2 Kor 4,16–17

27 CZERWCA

ODPOCZNIJ ZE MNĄ PRZEZ CHWILĘ. Ostatnio wspinasz się stromą, wyboistą ścieżką. Drogę przed tobą spowija mgła niepewności. Nie patrz ani do tyłu, ani przed siebie. Skoncentruj się na Mnie, swoim nieodłącznym Towarzyszu. Ufaj, że zaopatrzę cię we wszystko, co będzie ci potrzebne w podróży.

Stworzyłem czas, aby cię chronił. Nie zniósłbyś widoku całego swojego życia naraz. Choć czas Mnie nie ogranicza, spotykam się z tobą w tej konkretnej chwili. Pokrzep się w Moim towarzystwie, głęboko oddychając Moją Obecnością. Najwyższy poziom zaufania przejawia się w umiejętności cieszenia się Mną w każdej chwili. *Jestem z tobą i będę cię strzegł, gdziekolwiek się udasz.*

Ps 143,8; Rdz 28,15

28 CZERWCA

Skosztuj i zobacz, jaki jestem dobry. To polecenie zawiera w sobie zachętę do doświadczania Mojej żywej Obecności oraz obietnicę: im częściej Mnie doświadczasz, tym bardziej przekonujesz się o Mojej dobroci. Dzięki temu będziesz w stanie wędrować przez życie z wiarą. W obliczu przeciwności ludzie zaczynają wątpić w Moją dobroć. Moje drogi są tajemnicą – nawet dla tych, którzy dobrze Mnie znają. *Bo jak niebiosa górują nad ziemią, tak drogi Moje – nad twoimi drogami i myśli Moje – nad twoimi myślami.* Nie staraj się zrozumieć Moich dróg. Zamiast tego bądź ze Mną, ciesząc się Mną i doświadczając Mojej dobroci.

Ps 34,9; Iz 55,8–9

29 CZERWCA

BĄDŹ ŚWIADOM Mojej przy tobie Obecności, gdy tylko wstajesz rano z łóżka. Być może nie myślisz jeszcze wtedy jasno, ale Ja owszem. Rankiem, zanim nawiążesz ze Mną kontakt, twoje myśli często przepełnia niepokój. Zaproś Mnie do swoich myśli, wypowiadając szeptem Moje Imię. W mgnieniu oka dzień pojaśnieje i stanie się bardziej przyjazny. Nie możesz obawiać się dnia, który pulsuje Moją Obecnością.

Czujesz się pewniejszy, wiedząc, że jestem z tobą i że niczemu nie stawiasz czoła w pojedynkę. Źródłem niepokoju jest stawianie sobie niewłaściwego pytania: „Jeśli stanie się to czy tamto, czy sobie poradzę?". Tak naprawdę chodzi nie o to, czy sam sobie z daną sytuacją poradzisz, tylko o to, czy ty i Ja podołamy jej razem. To właśnie fakt, że ze wszystkim zmagamy się wspólnie, daje ci pewność, której potrzebujesz, aby radośnie stawiać czoła wyzwaniom, jakie niesie dzień.

Ps 5,4; Ps 63,2; Flp 4,13

30 CZERWCA

JA JESTEM PRAWDĄ – Tym, który przyszedł, aby cię *wyzwolić*. Daję ci wolność, gdy pozwalasz Mojemu Duchowi sprawować kontrolę nad swoimi myślami i uczynkami. Z dnia na dzień wyswobadzasz się coraz bardziej, aby w końcu stać się takim, jakim chciałem, byś był, stwarzając cię. Tak działam w tobie, gdy poddajesz się Mojemu Duchowi. Owoce tego działania są najobfitsze, gdy trwasz w ciszy w Mojej Obecności, skupiając się na Mnie całą swoją istotą.

Niech Moje myśli wartkim strumieniem wleją się w twoją świadomość, przynosząc ci jeszcze obfitsze Życie. *Ja jestem Drogą, Prawdą i Życiem.* Gdy za Mną podążasz, prowadzę cię nowymi ścieżkami, o istnieniu których nie miałeś pojęcia. Nie martw się tym, co przed tobą. Chcę, abyś znalazł bezpieczeństwo w świadomości, że Mnie znasz – że znasz Tego, który umarł, aby cię *wyzwolić*.

J 8,32; FLP 2,13; J 14,6

LIPIEC

Teraz jednak dla tych, którzy są w Chrystusie Jezusie, nie ma już potępienia.

Rz 8,1

1 LIPCA

Jestem obfitością życia i światła. Gdy "nasiąkasz" Moją Obecnością, czujesz przypływ energii, a ciężar, który dźwigasz, staje się lżejszy. Obcując ze Mną, przenosisz swoje ciężkie brzemię na Moje silne ramiona. Gdy kierujesz na Mnie swój wzrok, zaczynasz patrzeć na swoje życie z Mojej perspektywy. Nasze spotkania są niezbędne, abyś mógł uporządkować swoje myśli i wygładzić materię nadchodzącego dnia.

Bądź gotów walczyć o ten cenny czas spędzany ze Mną. Na twojej drodze może stanąć wiele wrogich sił: twoja własna chęć pozostania dłużej w łóżku; zły, który stara się odwrócić ode Mnie twoją uwagę; rodzina, przyjaciele i twój wewnętrzny krytyk, którzy woleliby, abyś spędzał czas bardziej produktywnie. Gdy coraz goręcej pragniesz Mnie zadowolić, zyskujesz siły, aby odeprzeć tych przeciwników. *Raduj się we Mnie, bo jestem najgłębszym Pragnieniem twego serca.*

Ps 48,10; Pwt 33,12; Ps 37,4

2 LIPCA

POZWÓL, ŻE POKAŻĘ CI, jak powinieneś przeżyć dzisiejszy dzień. Nieustannie cię prowadzę, więc możesz się odprężyć i cieszyć Moją Obecnością w tej właśnie chwili. Dobre życie jest zarówno kwestią dyscypliny, jak i formą sztuki. Skoncentruj się na tym, aby być blisko Mnie, boskiego Artysty. Zdyscyplinuj swoje myśli, aby Mi ufać, gdy działam w twoim życiu zgodnie z własnym upodobaniem. Zanoś modły w każdej sprawie, a rezultat zostaw w Moich rękach. Nie lękaj się Mojej woli, ponieważ dążę do tego, co dla ciebie najlepsze. Weź głęboki oddech i zanurkuj w głębiny bezbrzeżnego zaufania. *Na dole są Moje ramiona wieczne.*

Ps 5,3–4; Pwt 33,27*

---

* Biblia Warszawska, wyd. cyt.

3 LIPCA

Moje dzieci uczyniły sobie rozrywkę z oceniania siebie i innych. Ale to Ja jestem jedynym kompetentnym Sędzią – Sędzią, który własną krwią oczyścił cię z zarzutów. Twoje uniewinnienie zostało okupione Moją niezrównaną ofiarą. Dlatego właśnie jestem głęboko urażony, gdy słyszę, jak Moje dzieci osądzają innych i pławią się w nienawiści do samych siebie.

Żyj blisko Mnie i zagłębiaj się w Moje Słowo, a Duch Święty będzie tobą kierował i – w razie potrzeby – korygował twoje zachowanie. Dla tych, którzy należą do Mnie, *nie ma już potępienia*.

Łk 6,37; 2 Tm 4,8; Tt 3,5; Rz 8,1

4 LIPCA

ODDAJĄC MI CZEŚĆ w *Duchu i prawdzie*, dołączasz do chórów anielskich nieustannie stojących przed Moim tronem. Choć ty nie możesz ich usłyszeć, twoje pochwalne i dziękczynne słowa słychać w niebie wyraźnie. Trafiają tu także twoje prośby, ale to wdzięczność jest tym, co toruje drogę do Mojego serca. Gdy wszystkie dzielące nas przeszkody rozpadną się, zasypie cię nieprzebrane bogactwo Moich błogosławieństw. Największym z nich jest nasza bliskość – obfita Radość i Pokój w Mojej Obecności. Staraj się Mnie wychwalać i składać Mi dziękczynienie przez cały dzisiejszy dzień.

J 4,23–24; Ps 100,4

5 LIPCA

ZBLIŻ SIĘ DO MNIE ze wdzięcznym sercem, świadom tego, że twój kielich jest pełen błogosławieństw. Wdzięczność pozwala ci widzieć wszystko wyraźniej i cieszyć się naszą wzajemną miłością. *Nic nie zdoła odłączyć cię od Mojej Miłości!* Oto podstawa twojego bezpieczeństwa. Gdy tylko zaczynasz czuć się niespokojny, przypomnij sobie, że to Ja jestem jedynym źródłem twojego bezpieczeństwa, a na Mnie możesz całkowicie polegać.

Nigdy nie będziesz w stanie panować nad tym, co się dzieje w twoim życiu, ale możesz się odprężyć i ufać, że właściwie pokieruję twoimi sprawami. Zamiast dążyć do przewidywalnego, bezpiecznego życia, staraj się Mnie jeszcze lepiej poznać. Pragnę, aby twoje życie było cudowną przygodą, ale żeby tak się stało, musisz zboczyć z dobrze znanych ścieżek. Nieustannie dokonuję czegoś nowego wśród Moich ukochanych dzieci. Rozglądaj się za wszystkim, co dla ciebie przygotowałem.

Rz 8,38–39; Ps 56,4–5; Iz 43,19

6 LIPCA

Jestem twoim Bogiem Ojcem. Słuchaj Mnie! Przekonaj się, co to znaczy być dzieckiem wiecznego Króla. Musisz być Mi oddany – to najpierwszy z twoich obowiązków. Powinność ta jest tak naprawdę radosnym przywilejem – niemal luksusem. Często masz poczucie winy, robiąc w swoim życiu miejsce dla Mnie i naszych wspólnych chwil. Świat chce wtłoczyć cię w swoją formę i zagarnąć ten czas, który Mi poświęcasz. Ziemskie siły wypaczają też twoje sumienie, które czyni ci wyrzuty, gdy robisz to, na czym Mi najbardziej zależy – szukasz Mojego Oblicza. Wsłuchuj się we Mnie pośród jazgotu głosów, które próbują rozproszyć twoją uwagę. Poproś Mojego Ducha, aby sprawował kontrolę nad twoim umysłem, ponieważ On i Ja działamy w idealnej harmonii. Bądź spokojny i uważny w Mojej Obecności. *Stoisz na świętej ziemi.*

Iz 9,5; Za 9,9; Rz 8,15–16; Wj 3,5

7 LIPCA

Ufaj mi wszystkimi swoimi myślami. Wiem, że niektóre z twoich myśli są nieświadome lub półświadome i nie obarczam cię odpowiedzialnością za nie. Ale swoimi świadomymi myślami możesz sterować dużo sprawniej, niż ci się wydaje. Ucz się myśleć o Mnie z zaufaniem i wdzięcznością, a stanie się to dla ciebie naturalne. Odrzucaj negatywne i grzeszne myśli, gdy tylko zdasz sobie z nich z sprawę. Nie próbuj ich przede Mną ukrywać; wyznaj Mi je, zostaw je Mnie i ruszaj w dalszą drogę z lekkim sercem. Ten sposób kontrolowania myśli sprawi, że będziesz nieustannie skupiony na Mojej Obecności i nie zboczysz z *drogi Pokoju*.

Ps 20,7; 1 J 1,9; Łk 1,79

8 LIPCA

GDY SZUKASZ MOJEGO OBLICZA, wszelkie inne myśli musisz odłożyć na bok. Jestem ponad wszystkim i we wszystkim; nasza łączność wykracza poza czas i okoliczności. Bądź gotów na to, że obdaruję cię hojnie swoją Obecnością, gdyż jestem Bogiem nieograniczonej obfitości. Otwórz serce i umysł na oścież, aby przyjąć wszystko, co mam ci do ofiarowania. Gdy weselisz się wraz ze Mną, w niebie wybucha niepohamowana radość. To wieczne życie tu i teraz – mały przedsmak tego, co czeka cię w niebie. *Teraz widzisz jakby w zwierciadle, niejasno, wtedy zaś zobaczysz twarzą w Twarz.*

J 15,11; 1 KOR 13,12

9 LIPCA

Odsuń od siebie zmartwienia na tyle, aby usłyszeć, jak do ciebie mówię. Przemawiam łagodnym głosem, z głębi twojego jestestwa. Twoje myśli pędzą w tę i z powrotem, zapętlając się w sieć niepokoju. Gdy kiełkują w tobie Moje myśli, wplątują się w tę lepką sieć. Wówczas Mój głos staje się przytłumiony i słyszysz go niewyraźnie.

Poproś Mojego Ducha, aby wyciszył twój umysł, żebyś mógł myśleć Moimi myślami. Ta umiejętność to wielka korzyść płynąca z bycia Moim dzieckiem, stworzonym na Moje podobieństwo. Nie daj się ogłuszyć hałasowi świata i własnych myśli, lecz *przemieniaj się przez odnawianie umysłu*. Trwaj w ciszy w Mojej Obecności, a Moje myśli „przeprogramują" twój umysł.

Pwt 30,20; Rdz 1,27; Rz 12,2

10 LIPCA

ODPOCZNIJ W MOJEJ SPOKOJNEJ OBECNOŚCI. Nie dopuść do tego, aby napięcie związane z pragnieniem sukcesu i perfekcjonizmem, wdarło się w świętą przestrzeń naszej duchowej relacji. Gdy przebywasz z kimś, komu w pełni ufasz, czujesz się swobodnie. Jest to jeden z radosnych aspektów prawdziwej przyjaźni. Choć jestem *Panem panów i Królem królów*, pragnę być też twoim bliskim Przyjacielem. Rani mnie, gdy jesteś przy Mnie spięty lub zachowujesz się pretensjonalnie. Znam cię od twojej najgorszej i najlepszej strony. Pragnę, abyś ufał Mi na tyle, aby być przy Mnie sobą. Gdy zachowujesz się naturalnie, mogę wydobyć z ciebie wszystko, co najlepsze – talenty, które sam zasiałem w twojej duszy. Odpręż się i ciesz się naszą przyjaźnią.

AP 17,14; J 15,13–15

11 LIPCA

CZCIJ TYLKO MNIE. Mój lud zawsze przejawiał zgubną skłonność do bałwochwalstwa. Nie czynię tajemnicy z tego, że jestem *Bogiem zazdrosnym*. Współczesne bożki są mniej oczywiste niż te czczone w starożytności, ponieważ nierzadko nie mają żadnego związku ze sferą religii. Najpopularniejsze z nich to dobra materialne, pozycja społeczna, inni ludzie i autokreacja. Pilnuj się, aby nie oddawać im pokłonu. Fałszywi bogowie nie dadzą ci spełnienia, lecz sprawią, że będziesz chciał wciąż więcej i więcej.

Gdy odrzucasz bożki tego świata i szukasz Mojego Oblicza, doświadczasz Mojej Radości i Pokoju. Te nienamacalne wartości gaszą pragnienie twojej duszy, dając ci głębokie spełnienie. Blask tego świata to bezwartościowa i nietrwała błyskotka, a Światło Mojej Obecności jest olśniewające i wieczne. Idź ze Mną w tym Świetle, a będziesz niczym latarnia, która wskazuje innym drogę do Mnie.

Wj 20,4–5; 2 Sm 22,29

12 LIPCA

ILEKROĆ MASZ POCZUCIE, ŻE SIĘ ODE MNIE ODDALIŁEŚ, wyszepcz Moje Imię z sercem pełnym Miłości i zaufania. Ta prosta modlitwa pomoże ci ponownie uświadomić sobie Moją przy tobie Obecność.

Ludzie nieustannie nadużywają Mojego imienia, traktując je jak przekleństwo. Ich słowne ataki dosięgają bram nieba; słyszę i zapamiętuję każde słowo. Gdy z ufnością wymawiasz szeptem Moje Imię, koisz Moje zbolałe uszy. Zgrzyt ziemskich bluźnierstw nie może się równać z dźwiękiem słowa „Jezus" wypowiadanego z ufnością przez jedno z Moich dzieci. Moje Imię ma moc błogosławienia zarówno tobie, jak i Mnie, moc, której nie jesteś w stanie pojąć.

Dz 4,12; J 16,24

13 LIPCA

CHCĘ, ABYŚ DOŚWIADCZYŁ jednego z bogactw zbawienia – Radości z bycia kochanym nieprzemijającą, doskonałą Miłością. Nieustannie się oceniasz, bazując na swoim wyglądzie, zachowaniu i emocjach. Gdy to, co widzisz w lustrze, podoba ci się, czujesz się odrobinę bardziej godny Mojej Miłości. Gdy wszystko dobrze się układa i jesteś z siebie zadowolony, łatwiej ci uwierzyć w to, że jesteś Moim ukochanym dzieckiem. Jeśli zaś czujesz się zniechęcony, często zaglądasz w głąb siebie i próbujesz poprawiać to, co wymaga zmiany.

Nie próbuj „naprawiać" swojego wewnętrznego mechanizmu; lepiej *spójrz na Mnie, Ukochanego twej duszy*. Zamiast marnować energię na wydawanie sądów na własny temat, wykorzystają ją na chwalenie Mnie. Pamiętaj, że widzę cię odzianego w sprawiedliwość i opromienionego światłem Mojej Miłości.

EF 2,7–8; HBR 3,1; PS 34,6

14 LIPCA

NIE ZBACZAJ ze ścieżki, którą dla ciebie wybrałem. Twoje pragnienie życia blisko Mnie raduje Moje serce. Mógłbym od razu obdarować cię duchowymi bogactwami, których łakniesz, ale nie taki jest Mój względem ciebie plan. Razem będziemy pokonywać drogę wiodącą na wysoką górę. Wędrówka bywa wyczerpująca, a ty jesteś słaby. Kiedyś będziesz tańczył z lekkością na wysokich szczytach, ale teraz stąpasz ciężko i z trudem. Pragnę tylko tego, abyś zrobił kolejny krok, trzymając Mnie mocno za rękę, dzięki czemu nie upadniesz i nie zboczysz z trasy. Choć droga jest trudna, a krajobraz wydaje się monotonny, za zakrętem rozciągają się bajeczne widoki. Zostań na drodze, którą dla ciebie wybrałem; jest to prawdziwa *ścieżka Życia*.

Ps 37,23–24; Ps 16,11

15 LIPCA

NIE TROSZCZ SIĘ O JUTRO! To nie sugestia, lecz polecenie. Podzieliłem czas na dni i noce, aby twoje życie składało się krótszych odcinków, możliwych do ogarnięcia. *Wystarczy ci Mojej łaski*, ale tylko na dzisiejszy dzień. Martwiąc się o przyszłość, wkładasz troski kolejnych dni do swojego lichego plecaka. Uginasz się pod jego ciężarem, a Ja przecież nigdy nie chciałem, abyś go dźwigał.

Zrzuć ten męczący ciężar w jednym krótkim porywie zaufania. Niespokojne myśli plączą ci się po zakamarkach umysłu, ale ufność pozwala ci natychmiast doświadczyć Mojej Obecności. Gdy przez ufność potwierdzasz swoją wiarę, kajdany trosk natychmiast pękają. Ufaj Mi nieprzerwanie, a będziesz mógł nieustannie cieszyć się Moją Obecnością.

MT 6,34; 2 KOR 12,9; PS 62,9

16 LIPCA

UŻALANIE SIĘ NAD SOBĄ JEST JAK PEŁNA MUŁU BEZDENNA ROZPADLINA. Gdy już do niej wpadniesz, zwykle coraz bardziej się pogrążasz. Zsuwając się po śliskim zboczu, zmierzasz ku przygnębieniu, a ciemność jest wszechogarniająca.

Jedyna nadzieja w tym, że podniesiesz wzrok i zobaczysz padające na ciebie Światło Mojej Obecności. Choć widziane z dołu wydaje się nieco blade, promienie nadziei dosięgną cię nawet w najgłębszych czeluściach. Gdy z ufnością skupisz się na Mnie, stopniowo wydostaniesz się z otchłani rozpaczy. W końcu będziesz mógł dosięgnąć i pochwycić Moją dłoń. Wydobędę cię na górę, do Światła, delikatnie obmyję, usuwając lepki muł, i okryję płaszczem sprawiedliwości. A potem ruszę z tobą dalej ścieżką Życia.

Ps 40,3-4; Ps 42,6; Ps 147,11

17 LIPCA

PRZYJDŹ TU na chwilę. Świat i jego ciągłe żądania mogą poczekać. Ludzie zwykle uważają, że to Ja mogę poczekać, tłumacząc, że któregoś dnia znajdą czas, aby poświęcić Mi uwagę. Jednak im dłużej spychają Mnie na peryferie swojego życia, tym trudniej jest im Mnie odszukać.

Żyjesz pośród ludzi, którzy gloryfikują ciągłą aktywność; czas stał się tyranem panującym nad ich życiem. Nawet ci, którzy uważają Mnie za Zbawiciela, często maszerują w tempie narzuconym przez świat. Dali się zwieść złudnemu przeświadczeniu, że więcej znaczy lepiej: więcej spotkań, więcej planów, więcej zajęć.

Wezwałem cię, abyś podążał za Mną samotną ścieżką, traktując spotkania ze Mną jako swój najwyższy priorytet i największą Radość. To bardzo niedoceniana ścieżka; jej wybór często spotyka się z pogardą. Ale *obrałeś najlepszą cząstkę, której nie będziesz pozbawiony*. Kolejna korzyść jest taka, że gdy idziesz blisko Mnie, mogę błogosławić innym za twoim pośrednictwem.

PNP 2,13*; ŁK 10,42

---

* Biblia Warszawsko-Praska, wyd. cyt.

18 LIPCA

Jestem bliżej, niż myślisz, żywo obecny w każdej chwili twojego życia. Łączą nas więzy Miłości, których nie rozerwie żadna siła. Jednak ponieważ są niewidzialne, możesz niekiedy czuć się samotny. Poproś Mnie, a będziesz otworzył ci oczy, abyś widział Mnie w każdym miejscu. Im bardziej jesteś świadom Mojej Obecności, tym bezpieczniej się czujesz. Nie jest to rodzaj ucieczki od rzeczywistości, lecz otwarcie się na *rzeczywistość ostateczną*. Jestem znacznie bardziej Realny niż świat, który widzisz, słyszysz i czujesz. *Wiara to poręka tych dóbr, których się spodziewamy, dowód tych rzeczywistości, których nie widzimy*; to uznanie za fakt tego, co jest ukryte przed naszymi zmysłami.

Dz 17,27-28[*]; Hbr 11,1

---

[*] Biblia Warszawska, wyd. cyt.

19 LIPCA

PRZYNIEŚ MI WSZYSTKIE SWOJE UCZUCIA, nawet te, które wolałbyś od siebie odsunąć. Strach i niepokój wciąż cię nękają. Emocje same w sobie nie są grzechem, ale mogą stanowić doń pokusę. W dzień i w nocy lecą w twoją stronę płonące pociski strachu; zły atakuje niestrudzenie. Użyj *tarczy wiary, którą zdołasz unieszkodliwić wszystkie, najbardziej nawet rozpalone pociski złego.* Zapewniaj Mnie o swoim zaufaniu, bez względu na to, jak się czujesz. Jeśli będziesz wytrwały, twoje uczucia w końcu dostroją się do twojej wiary.

Nie kryj się przed strachem i nie udawaj, że go nie ma. Z niepokoju ukrytego w zakamarkach serca zrodzi się potworne dziecko – strach przed strachem. Pozwól, aby Światło Mojej Obecności opromieniło twoje lęki. Dzięki temu będziemy mogli zmierzyć się z nimi wspólnie. Skoncentruj się na tym, aby Mi ufać, a strach będzie powoli ustępował.

EF 6,16*; J 1,5–7; Iz 12,2

---

* Biblia Warszawsko-Praska, wyd. cyt.

20 LIPCA

Szukaj mojego oblicza, a znajdziesz wszystko, czego pragniesz. Największą tęsknotą twojego serca jest Moja bliskość. Wiem o tym, ponieważ stworzyłem cię w taki sposób, abyś Mnie pragnął. Nie czuj się winny, gdy się przy Mnie zatrzymujesz – to odpowiedź na twoje wewnętrzne pragnienie boskości. Stworzyłem cię na swoje podobieństwo i skryłem w twoim sercu niebo. To, że Mnie pragniesz, jest formą nostalgii – tęsknotą za twoim prawdziwym domem w niebie.

Nie bój się być inny niż pozostali. Ścieżka, którą ci wyznaczyłem, jest dla ciebie idealna. Im ściślej podporządkowujesz się Mojemu przewodnictwu, tym swobodniej mogę pomnażać twoje dary. Jeśli chcesz iść za Mną krok w krok, musisz wyzbyć się swojej chęci zadowalania innych ludzi. Jednak nasza bliskość stanie się dla nich błogosławieństwem, ponieważ sprawi, że będziesz jaśnieć wspaniałym blaskiem w tym mrocznym świecie.

Ps 42,2–3; Ps 34,6; Flp 2,15

21 LIPCA

ODPOCZNIJ W MOJEJ OBECNOŚCI, gdy potrzebujesz pokrzepienia. Wbrew powszechnemu przekonaniu odpoczynek nie zawsze jest równoznaczny z próżniactwem. Gdy odpoczywasz w Moim towarzystwie, okazujesz Mi swoje zaufanie. „Zaufanie" to głębokie słowo, bogate w znaczenia i wskazówki na życie. Chcę, abyś *ufał Mi z całego serca*. Gdy opierasz się na Moim ramieniu, twoja głęboka ufność raduje Moje serce.

Ludzie często się ode Mnie odwracają, gdy czują się wyczerpani. Kojarzę im się z obowiązkiem i ciągłymi staraniami, więc próbują się przede Mną ukryć, gdy potrzebują odpocząć od pracy. Jakże Mnie to zasmuca! Jak powiedziałem przez Mojego proroka, Izajasza, *w nawróceniu i spokoju jest wasze ocalenie, w ciszy i ufności leży wasza siła.*

PRZ 3,5; IZ 30,15

22 LIPCA

ZNAJDŹ WOLNOŚĆ, starając się przede wszystkim Mnie zadowolić. *Możesz mieć tylko jednego Pana.* Gdy kierujesz się oczekiwaniami innych, marnotrawisz swoje siły. Energii może pozbawiać cię również chęć sprawiania dobrego wrażenia. Jestem twoim Panem i nie każę ci być kimś, kim nie jesteś. Udając, wywołujesz Moje niezadowolenie, zwłaszcza gdy robisz to jakoby przez wzgląd na Mnie. Skup się na tym, aby być cały czas blisko Mnie. Nie da się udawać, koncentrując się na Mojej Obecności.

Ef 5,8–10; Mt 23,8; Mt 6,1

23 LIPCA

Ja jestem światłością świata. Ludzie czołgają się przez życie, przeklinając ciemność, a tymczasem Ja roztaczam wokół siebie olśniewający blask. Pragnę, aby każdy z Moich naśladowców niósł Światło. Blask Mojego Ducha, który w tobie mieszka, może bić z twojej twarzy, sprawiając, że stanę się widoczny dla ludzi wokół ciebie. Poproś Mojego Ducha, aby się przez ciebie objawiał, gdy będziesz przemierzać dzisiejszy dzień. Trzymaj Moją dłoń z radosną ufnością, wiedząc, że nigdy cię nie opuszczę. Pada na ciebie Światło Mojej Obecności. Rozświetlaj świat, odbijając prawdę o tym, Kim jestem.

J 8,12; Mt 5,14–16; 2 Kor 3,18; Wj 3,14

24 LIPCA

WDZIĘCZNOŚĆ OTWIERA DRZWI do Mojej Obecności. Choć jestem z tobą w każdej chwili, zadałem sobie wiele trudu, aby pozostawić ci wolność wyboru. Umieściłem między nami drzwi i pozwoliłem ci je otworzyć lub zamknąć. Istnieje wiele sposobów otwarcia ich, ale wdzięczna postawa jest najskuteczniejsza.

Fundamentem wdzięczności jest zaufanie. Gdy podziękowania nie chcą ci przejść przez usta, powinieneś się upewnić, czy ów fundament jest wystarczająco stabilny. Jeśli zaś wdzięczność płynie swobodnie z twojego serca i ust, pozwól, żeby jeszcze bardziej zbliżała cię do Mnie. Chcę, abyś opanował sztukę *dziękowania Mi w każdych okolicznościach*. Przekonaj się, ile razy w ciągu dnia jesteś w stanie złożyć Mi dziękczynienie; to wyczuli cię na mnogość Moich błogosławieństw i złagodzi skutki prób, na które zostaniesz wystawiony. Ćwicz się w Mojej Obecności poprzez regularnie okazywaną wdzięczność.

Ps 100,4; 1 Tes 5,18

25 LIPCA

Słuchając nawoływania ptaków, usłysz też Mój pełen miłości głos. Mówię do ciebie nieustannie poprzez krajobrazy, dźwięki, myśli, wrażenia, Pismo. Różnorodność sposobów, w jakie mogę się z tobą komunikować, jest nieograniczona. Twoją rolą jest być otwartym na Moje przesłania, bez względu na ich formę. Gdy postanawiasz sobie, że będziesz Mnie szukał w ciągu dnia, odkrywasz, że cały świat pulsuje Moją Obecnością. Możesz znaleźć Mnie nie tylko w pięknie i nawoływaniu ptaków, ale też w tragedii i twarzach pełnych żalu. Nawet najgłębszy ból mogę *wpleść w całość służącą dobru.*

Szukaj Mnie i Mojego przesłania, przemierzając dzisiejszy dzień. *Będziesz Mnie szukać i znajdziesz Mnie, albowiem będziesz Mnie szukać z całego serca.*

J 10,27; Rz 8,28; Jr 29,13

26 LIPCA

ODPOCZNIJ I POZWÓL MI SIĘ PRZEPROWADZIĆ przez dzisiejszy dzień. Wszystko jest pod kontrolą – M o j ą kontrolą. Często z niepokojem wypatrujesz nadchodzącego dnia, starając się ustalić harmonogram działań, gdy nagle rozlega się dzwonek do drzwi lub dźwięk telefonu i musisz całkowicie zmienić swoje plany. Całe to planowanie sprawia, że stajesz się kłębkiem nerwów i tracisz Mnie z oczu. Musisz o Mnie pamiętać przez cały czas, nie tylko w chwilach wytchnienia. Gdy ku Mnie spoglądasz, pokazuję ci, co powinieneś robić dalej.

Obsesyjne planowanie pochłania ogromne ilości czasu i energii. Gdy pozwalasz, abym to J a kierował twoimi krokami, zyskujesz wolność, dzięki której możesz się Mną cieszyć i szukać tego, co dla ciebie na dzisiaj przygotowałem.

Ps 32,8; Ps 119,35; Ps 143,8

27 LIPCA

NADZIEJA jest jak złota nić, która łączy cię z niebem i sprawia, że możesz iść przez życie z podniesioną głową, nawet doświadczając licznych prób. Nigdy cię nie zostawię i nie puszczę twojej dłoni. Jednak bez złotej nici nadziei może się zdarzyć, że będziesz stąpał ciężko, ze zwieszoną głową, gdy będziemy wspinać się pod górę. Bowiem to nadzieja sprawia, że przestajesz koncentrować się na zmęczonych stopach i zaczynasz podziwiać wspaniały widok, który roztacza się z drogi dobra. Przypominasz sobie wtedy, że ścieżka, którą idziemy, jest tak naprawdę drogą do nieba. Gdy myślisz o tym świetlistym celu swojej podróży, nawierzchnia drogi traci na znaczeniu. Uczę twoje serce koncentrować się na dwóch rzeczach: Mojej nieustannej Obecności i nadziei nieba.

Rz 12,12; 1 Tes 5,8; Hbr 6,18–19

28 LIPCA

NIECH MOJA MIŁOŚĆ wniknie w najgłębsze zakamarki twojej istoty. Nie zamykaj przede Mną żadnych drzwi. Znam cię na wylot, więc nie próbuj pokazywać Mi jakiejś wybielonej wersji siebie. W ranach, które skrywasz przed Światłem Mojej Miłości, pojawi się ropa i zalęgną się robaki. Sekretne grzechy, które przede Mną zatajasz, mogą się od ciebie oddzielić i zacząć żyć własnym życiem. Zaczną nad tobą panować, a ty nawet tego nie zauważysz.

Otwórz się na przemieniającą moc Mojej Obecności. Niech olśniewające Światło Mojego Miłosierdzia odnajdzie i rozproszy twoje ukryte lęki. Ale żeby tak się stało, musisz spędzać ze Mną czas sam na sam, pozwalając, aby Moja Miłość wnikała w najskrytsze zakamarki twojej istoty. Ciesz się *Moją doskonałą Miłością, która usuwa lęk*.

Ps 139,1-4.23-24; 1 J 4,18

29 LIPCA

PRZYCHODŹ DO MNIE W KAŻDEJ CHWILI. Powinienem być Przystanią dla twoich myśli, *Kotwicą twojej duszy*. To pewne, że twoje myśli będą się ode Mnie oddalać; pytanie tylko, jak daleko pozwolisz im błądzić. Gdy sznur kotwicy jest krótki, łódź może odrobinę odpłynąć, ale potem musi wrócić do przystani. Mój Duch działa podobnie – gdy zaczynasz się ode Mnie oddalać, zmusza cię do powrotu. W miarę jak coraz bardziej dostrajasz się do Mojej Obecności, lina kotwiczna twojej duszy skraca się. Oddalasz się tylko odrobinę, a potem czujesz wewnętrzne szarpnięcie, które przypomina ci, że musisz wrócić do Przystani – do Mnie.

HBR 6,19; 1 J 2,28; MT 22,37

30 LIPCA

ODDAWAJ MI CZEŚĆ W PIĘKNIE ŚWIĘTOŚCI. Stworzyłem piękno, aby dawało dowód Mojemu świętemu Jestestwu. Zjawiskowa róża, zachwycająco piękny zachód słońca, wspaniałość oceanu – wszystko to ma obwieszczać światu Moją Obecność. Większość ludzi mija te znaki w pośpiechu, nie poświęcając im większej uwagi. Niektórzy wykorzystują piękno, zwłaszcza kobiecą urodę, aby sprzedawać swoje produkty.

Jakże drogie są Mi te spośród Moich dzieci, które zachwycają się pięknem natury; ten zachwyt otwiera je na Moją Obecność. Jeszcze zanim poznałeś Mnie osobiście, zdumiewało cię dzieło stworzenia. To dar, który niesie ze sobą odpowiedzialność. Obwieszczaj światu Moją Obecność. *Cała ziemia jest pełna Mojego promiennego piękna – Mojej Chwały.*

Ps 29,2[*]; Iz 6,3

---

[*] Biblia Gdańska, wyd. cyt.

31 LIPCA

UFAJ MI z głębi swojej istoty. Właśnie tam obcuję z tobą nieustannie. Gdy czujesz się podenerwowany i przemęczony, nie miej do siebie żalu. Jesteś tylko człowiekiem i wir wydarzeń czasem będzie cię przytłaczał. Zamiast wyrzucać sobie swoją ludzką słabość, pamiętaj, że jestem zarówno z tobą, jak i w tobie.

Jestem z tobą przez wszystkie dni i zamiast cię potępiać, dodaję ci otuchy i służę wsparciem. Wiem, że gdzieś w głębi, tam gdzie mieszkam Ja, nieustannie doświadczasz Pokoju. Zwolnij na chwilę tempo życia. Wycisz swój umysł w Mojej Obecności. Dzięki temu usłyszysz, jak udzielam ci błogosławieństwa zmartwychwstania: *Pokój ci*.

Kol 1,27; Mt 28,20; J 20,19

SIERPIEŃ

Kto wierzy we Mnie, jak powiada Pismo, z wnętrza jego popłyną rzeki wody żywej.

J 7, 38*

---
* Biblia Warszawska, wyd. cyt.

I SIERPNIA

Nic nie zdoła cię odłączyć od Mojej Miłości. Niech to Boskie zapewnienie przeniknie twój umysł i wsączy się do twojego serca oraz duszy. Za każdym razem, gdy zaczynasz czuć strach lub niepokój, odwołaj się do tej bezwarunkowej obietnicy, mówiąc: „Nic nie zdoła mnie odłączyć od Twojej Miłości, Jezu".

Ludzie są nieszczęśliwi głównie dlatego, że czują się niekochani. Gdy znajdą się w trudnym położeniu, wydaje im się, że zostali pozbawieni miłości albo porzuceni. Poczucie opuszczenia jest często gorsze niż sam problem, z którym przyszło im się zmierzyć. Bądź pewien, że nigdy nie opuszczam żadnego z Moich dzieci, nawet na chwilę. *Nie opuszczę cię ani nie porzucę!* Moja Obecność czuwa nad tobą nieustannie. *Wyryłem cię na obu dłoniach.*

Rz 8,38–39; Joz 1,5; Iz 49,15–16

2 SIERPNIA

ZŁÓŻ MI OFIARĘ z najcenniejszego dobra – swojego czasu. W tym uzależnionym od aktywności świecie Moje dzieci rzadko znajdują kilka chwil na to, aby pobyć ze Mną w ciszy. Ale na tych, którym się to udaje, Moje błogosławieństwa spływają *strumieniem żywej wody*. Nasze spotkania są błogosławieństwem także dla Mnie – Tego, od którego pochodzą wszelkie dary. To wielka tajemnica; nie próbuj jej pojąć. Zamiast tego oddawaj Mi cześć swoim nade Mną zachwytem. Ciesz się Mną teraz i zawsze!

Ps 21,7; J 7,38; Ps 103,11

3 SIERPNIA

Bacz na słowa. Słowa mają moc błogosławienia, ale mogą też głęboko ranić. Gdy nie przywiązujesz wagi do swoich słów lub wypowiadasz się w negatywnym tonie, krzywdzisz zarówno siebie, jak i innych. Umiejętność ubierania myśli w słowa jest wyłącznym przywilejem tych, których stworzyłem na swoje podobieństwo. Mając tak potężną moc, potrzebujesz kogoś, kto pomoże ci odpowiedzialnie ją wykorzystać.

Choć świat przyklaskuje błyskotliwym ripostom, Moje wytyczne są zgoła inne: bądź *chętny do słuchania, nieskory do mówienia, nieskory do gniewu*. Od jakiegoś czasu uczę cię modlić się słowami: „Pomóż mi, Duchu Święty" przed odebraniem telefonu i już zauważasz korzyści płynące z tego zwyczaju. Teraz zastosuj tę metodę w bezpośrednich rozmowach z ludźmi. Gdy milczą, pomódl się, zanim się do nich odezwiesz. Gdy mówią, pomódl się, zanim odpowiesz. Choć te modlitwy trwają zaledwie ułamek sekundy, sprawiają, że uświadamiasz sobie Moją Obecność, a wtedy Mój Duch przejmuje kontrolę nad twoją mową. Gdy twoje złe nawyki w rozmowach zaczną się zmieniać, poczujesz zdumiewający przypływ Radości.

Prz 12,18; Jk 1,19; Ef 4,29

4 SIERPNIA

TRZYMAJ MOJĄ DŁOŃ i radośnie przemierzaj dzisiejszy dzień. Razem będziemy rozkoszować się przyjemnościami i zniesiemy wszelkie trudności. Staraj się zwracać uwagę na wszystko, co dla ciebie przygotowałem – zachwycającą scenerię, przytulne zakątki, w których możesz odpocząć w chwilach wyczerpania, orzeźwiające wiatry przygody i wiele więcej. Jestem zarówno twoim nieodłącznym Towarzyszem, jak i Przewodnikiem. Znam każdy krok, który czeka cię w drodze do nieba.

Nie musisz wybierać między naszą bliskością a chęcią pozostania na właściwej drodze. Ponieważ to *Ja jestem Drogą*, trzymając się blisko Mnie, nigdy nie zboczysz z kursu. Skupiaj na Mnie swoje myśli, a Ja ostrożnie przeprowadzę cię przez dzisiejszy dzień. Nie martw się tym, co wyłoni się zza zakrętu. Po prostu ciesz się Moją Obecnością i staraj się dotrzymywać Mi kroku.

J 14,6; KOL 4,2

5 SIERPNIA

POBĄDŹ ZE MNĄ W CISZY, a Ja będę cię błogosławił. Niech twój umysł będzie jak spokojne jezioro – gotów przyjąć każdą myśl, którą weń wleję. Odpocznij wśród Moich nieprzebranych bogactw, myśląc o wyzwaniach, które mogą przynieść nadchodzące godziny. Nie trać sił na zastanawianie się, czy poradzisz sobie z napięciem, któremu będziesz musiał stawić czoła. Przemierzając ze Mną ten dzień, nieustannie ku Mnie spoglądaj i ze Mną rozmawiaj.

Poświęć kilka chwil na odpoczynek na uboczu: nigdzie Mi się nie spieszy. Wolne tempo daje więcej niż pospieszne starania. Gdy się spieszysz, zapominasz o tym, kim jesteś i do kogo należysz. Pamiętaj, że w Moim królestwie jesteś członkiem Mojej rodziny – rodziny królewskiej.

Ps 37,7; Rz 8,16–17; 1 P 2,9

6 SIERPNIA

GDY WSZYSTKO ZDAJE SIĘ iść nie tak, jak powinno, zatrzymaj się i zapewnij Mnie o swoim zaufaniu. Spokojnie przynieś Mi to, co cię nęka, i złóż w moje ręce. A potem po prostu przejdź do kolejnego zadania. Rozmawiaj ze Mną poprzez dziękczynne, pełne ufności modlitwy i odpoczywaj w cieniu Mojego panowania. Ciesz się Mną – raduj się Bogiem swojego zbawienia. Gdy Mi zaufasz, *uczynię nogi twoje podobne jelenim, wprowadzę cię na wyżyny*, ponad twoimi zmartwieniami, cierpieniem i obowiązkami.

Hi 13,15; Ps 18,34; Ha 3,17–19

7 SIERPNIA

Zrozumienie nigdy nie przyniesie ci Pokoju. Właśnie dlatego poleciłem ci, abyś *pokładał ufność we Mnie, a nie w mądrości*. Ludzie są głodni zrozumienia, gdyż dzięki niemu zyskują poczucie kontroli nad swoim życiem. Jednak świat nieustannie stawia przed tobą nowe wyzwania. Gdy tylko poradzisz sobie z jednym, zaraz pojawia się następne. Ulga, której oczekiwałeś, jest krótkotrwała. Wkrótce twój umysł znów zostaje postawiony w stan gotowości i szuka zrozumienia (władzy), a nie Mnie (Władcy).

Najmądrzejszy spośród wszystkich ludzi, Salomon, nigdy nie był w stanie wymyślić, jak osiągnąć Pokój. Owocem jego ogromnej wiedzy nie było poczucie spełnienia, lecz bezcelowości. W końcu król się pogubił i zgodnie z wolą swoich żon zaczął oddawać cześć bożkom.

Mój Pokój nie jest nieosiągalnym celem, ukrytym gdzieś w środku zawiłego labiryntu. Stanowi on istotę Mojej Obecności i otacza cię nieustannie. Gdy na Mnie patrzysz, zyskujesz świadomość tego cennego daru.

Prz 3,5–6; Rz 5,1; 2 Tes 3,16

8 SIERPNIA

MÓWIĘ DO CIEBIE z najgłębszych przestrzeni nieba, a ty słyszysz Mnie w najgłębszych zakamarkach swojej istoty. *Głębia przyzywa głębię*. To, że mówię do ciebie wprost, jest wielkim błogosławieństwem. Nigdy nie traktuj tego jako oczywistości. Najlepszą odpowiedzią na ten przywilej jest pełne wdzięczności serce. Uczę cię być wdzięcznym. Gdy słuchasz swojego Nauczyciela, *budujesz dom na skale*, gdzie nie zaszkodzą ci żadne życiowe burze. Kiedy już się tego nauczysz, zaczniesz uczyć innych. Będę stopniowo odkrywał przed tobą twoją drogę.

Ps 42,8; Ps 95,1-2; Mt 7,24-25

9 SIERPNIA

Ze swobodą noś mój płaszcz sprawiedliwości. Zrobiłem go specjalnie dla ciebie, aby okrywał cię całego. Zapłaciłem za to niezmiernie wysoką cenę – cenę własnej krwi. Sam nie zdołałbyś kupić sobie tak wytwornej szaty, choćbyś nie wiem jak ciężko pracował. Czasem zapominasz, że sprawiedliwość jest Moim darem, i czujesz się nieswojo w tym królewskim odzieniu. Boleję, gdy zachowujesz się tak, jakbyś miał na sobie włosiennicę, a nie aksamitny płaszcz.

Chcę, żebyś ufał Mi na tyle, aby zdać sobie sprawę ze swojej uprzywilejowanej pozycji w Moim królestwie. Odpocznij, zagłębiając się w bujne fałdy swojego wspaniałego okrycia. Stawiając w nim kolejne kroki, nieustannie ku Mnie spoglądaj. Gdy twoje zachowanie jest niegodne Mojego królestwa, nie odrzucaj królewskiej szaty; odrzuć niegodne uczynki. Dzięki temu poczujesz się swobodniej i będziesz potrafił cieszyć się darem, który dla ciebie przygotowałem jeszcze przed powstaniem świata.

Iz 61,10; 2 Kor 5,21; Ef 4,22–24

10 SIERPNIA

ODPOCZNIJ W MOJEJ KOJĄCEJ, świętej Obecności. Poddaj się zmianom, których w tobie dokonuję podczas naszych spotkań. Gdy intensywnie o Mnie myślisz, zaufanie wypiera strach i troski. Twój umysł jest jak huśtawka równoważna. Kiedy zaufanie wzbija się w powietrze, strach i troski automatycznie opadają na ziemię. Gdy spędzasz ze Mną czas, nie tylko wzrastasz w ufności, ale też uczysz się odróżniać rzeczy ważne od nieważnych.

Energia i czas to cenne surowce, które szybko się kończą. Dlatego właśnie musisz je mądrze wykorzystywać, skupiając się na tym, co naprawdę ważne. Gdy będziesz szedł obok Mnie, sycąc swój umysł Pismem, pokażę ci, jak powinieneś gospodarować energią i czasem. *Moje słowo jest lampą dla twoich stóp i światłem na twojej ścieżce.*

Ef 5,15–16; Ps 119,105

11 SIERPNIA

PRZYJDŹ DO MNIE. *Przyjdź do Mnie. Przyjdź do Mnie.* Przyzywam cię nieustannie Moim świętym szeptem. Gdy wyciszysz umysł i serce, usłyszysz, jak zapraszam cię, abyś się do Mnie zbliżył. Zbliżenie się do Mnie nie wymaga od ciebie żadnego wysiłku; wystarczy, jeśli przestaniesz opierać się magnetycznemu przyciąganiu Mojej Miłości. Otwórz się na Moją kochającą Obecność, abym mógł cię napełnić swoim bogactwem. Chcę, abyś się przekonał, jak *szeroka, długa, wysoka i głęboka jest Moja Miłość do ciebie i w ten sposób poznał Moje Miłosierdzie, które przewyższa wszelką wiedzę.* Tego oceanu Miłości nie da się zmierzyć ani opisać, ale można go doświadczyć.

AP 22,17; J 6,37; EF 3,16–19

12 SIERPNIA

Przyjdź do mnie, gdy jesteś słaby i wyczerpany. Skryj się w Moich wiecznych ramionach. Nie gardzę twoją słabością, Moje dziecko. Właściwie to sprawia ona, że stajesz się Mi bliższy, gdyż wzbudza Moje współczucie i pragnienie niesienia pomocy. Zaakceptuj swoje wycieńczenie, wiedząc, że rozumiem, jak trudna jest twoja podróż.

Nie porównuj się z innymi, tymi, którzy zdają się z łatwością przemierzać ścieżkę życia, w podskokach i bez wysiłku. Ich droga jest inna niż twoja, poza tym obdarowałem ich ogromną energią. Ciebie zaś obdarzyłem wątłością, dzięki czemu twój duch ma wiele okazji do tego, aby rozkwitać w Mojej Obecności. Przyjmij ten dar, traktując go jak święty skarb – kruchy, lecz lśniący wspaniałym Blaskiem. Zamiast ukrywać swoją słabość lub jej zaprzeczać, pozwól Mi uczynić z niej błogosławieństwo.

Iz 42,3; Iz 54,10; Rz 8,26

13 SIERPNIA

Naucz się bardziej cieszyć się życiem. Odpręż się, pamiętając, że jestem Emmanuel, *Bóg z tobą*. Stworzyłem cię takim, abyś był w stanie Mnie poznać i czerpać wielką Radość z Mojej Obecności. Jestem nierad, gdy ludzie robią skwaszone miny i idą przez życie obojętnie. Gdy zaś przemierzasz kolejne dni z dziecięcym zachwytem, rozkoszując się każdym błogosławieństwem, dajesz dowód zaufania Pasterzowi, który nigdy cię nie opuszcza. Im bardziej koncentrujesz się na Mojej Obecności przy tobie, tym łatwiej jest ci cieszyć się życiem. Oddawaj Mi cześć radością, jaką we Mnie znajdujesz. W ten sposób obwieszczasz Moją Obecność patrzącemu na ciebie światu.

Mt 1,23; J 10,10–11

14 SIERPNIA

JESTEM TWÓJ NA CAŁĄ WIECZNOŚĆ. *Jam jest Alfa i Omega, Ten, Który jest, Który był i Który przychodzi.* Świat, który zamieszkujesz, jest miejscem ciągłych zmian – doznałbyś wstrząsu, gdybyś chciał objąć je wszystkie umysłem. Twoje ciało także zmienia się nieustannie, mimo że współczesna nauka stara się przedłużać młodość i życie w nieskończoność. Natomiast Ja *jestem ten sam wczoraj, dzisiaj i na wieki.*

Ponieważ nigdy się nie zmieniam, relacja ze Mną stanowi solidny fundament twojego życia. Nigdy cię nie opuszczę. Gdy będziesz przechodził do życia wiecznego, Moja Obecność przy tobie będzie jaśnieć z każdym twoim krokiem. Nie masz powodu do strachu, będę bowiem z tobą po kres czasu i przez całą wieczność.

AP 1,8; HBR 13,8*; PS 102,25–27; PS 48,15

---

* Biblia Gdańska, wyd. cyt.

15 SIERPNIA

JESTEM BOGIEM CZASU i wszystkiego, co istnieje. Szukaj Mnie nie tylko w ciszy poranka, ale przez cały dzień. Nie pozwól, aby niespodziewane problemy odwracały twoją uwagę od Mojej Obecności. Mów Mi o wszystkim i z ufnością czekaj na to, co zrobię.

Niepomyślne zdarzenia nie muszą zakłócać naszej duchowej łączności. Gdy sprawy nie układają się po twojej myśli, zachowujesz się tak, jakby spotykała cię kara. Zamiast tego spróbuj w trudnościach dostrzec błogosławieństwa. *Uczyń Mnie swoją Ucieczką, wylewając przede Mną serce i ufając Mi w każdym czasie.*

Ps 55,18; Ps 32,6; Ps 62,9

16 SIERPNIA

Spotkaj się ze mną w ten wspaniały wczesny poranek. Czekam tu na ciebie niecierpliwie. W ciszy tego świętego czasu *pomnażam twoje siły* i napełniam Moim Pokojem. Gdy inni przewracają się na drugi bok, aby jeszcze chwilę pospać, lub zapoznają się z najnowszymi wiadomościami, ty trwasz w łączności ze Stworzycielem wszechświata. Rozbudziłem w twoim sercu gorące pragnienie poznania Mnie. To pragnienie miało swój początek we Mnie, ale teraz płonie jasnym płomieniem w tobie.

Gdy szukasz Mojego Oblicza w odpowiedzi na Moje wezwanie pełne miłości, obydwoje doświadczamy błogosławieństwa. To wielka tajemnica, która ma dać ci radość, a nie zaspokajać głód wiedzy. Nie jestem ponurym Bogiem, który nie pochwala przyjemności. Raduję się, gdy cieszysz się tym, *co jest prawdziwe, co godne, co sprawiedliwe, co czyste, co miłe, co zasługuje na uznanie. Miej to na myśli*, a Moje Światło w tobie będzie świecić jaśniej z każdym dniem.

Iz 40,31; Ps 27,4; Flp 4,8

17 SIERPNIA

ZNAJDŹ MNIE pośród zamętu. Czasem świat wiruje tak prędko, że wszystko wokół się rozmywa. Wypowiedz szeptem Moje Imię na dowód tego, że pamiętasz o Mojej Obecności. Modląc się Moim Imieniem, znajdujesz siłę i Pokój, ani na chwilę nie przerywając tego, co robisz. Później, gdy wszystko przycichnie, możesz porozmawiać ze Mną dłużej.

Przyjmuj wszystko, co przynosi dzień. Nie trać czasu i energii na żałowanie, że wydarzenia nie potoczyły się inaczej. Ufaj Mi na tyle, aby podporządkować się Mojemu planowi i Moim celom. Pamiętaj, że nic nie zdoła cię odsunąć od Mojej kochającej Obecności; *jesteś Mój*.

FLP 2,9–11; IZ 43,1

18 SIERPNIA

Spodziewaj się przeciwności, pamiętając, że żyjesz w głęboko zepsutym świecie. Przestań szukać dróg omijających przeszkody. Podstawowy problem związany z łatwym życiem jest taki, że beztroska nie pozwala ci dostrzec tego, jak bardzo Mnie potrzebujesz. Gdy stałeś się chrześcijaninem, tchnąłem w ciebie Moje Życie, dzięki czemu możesz żyć w wymiarze nadprzyrodzonym – pod warunkiem, że na Mnie polegasz.

Spodziewaj się, że staniesz w obliczu niemożliwego – wydarzeń, z którymi nie będziesz umiał sobie poradzić. Świadomość własnej nieporadności nie jest czymś, czego powinieneś się wystrzegać. Właśnie tego chcę od ciebie – tam najpewniej Mnie spotkasz w *Mojej Chwale i Mocy*. Gdy czujesz napór trosk, głośno Mnie zawołaj! Pozwól Mi walczyć za ciebie. Patrz, jak działam w twoim imieniu, podczas gdy ty *odpoczywasz w Mojej Obecności*.

Ap 19,1; Ps 91,1*

---

* Biblia Warszawsko-Praska, wyd. cyt.

19 SIERPNIA

Zbliż się do mnie – wzywam cię do tego nieustannie. Doskonale wiem, jak bardzo Mnie potrzebujesz. Widzę, jak jałowe są twoje myśli, gdy błądzą z dala ode Mnie. Daję wytchnienie twojej duszy oraz pokrzepienie twojemu umysłowi i ciału. Gdy coraz częściej znajdujesz we Mnie szczęście, inne przyjemności schodzą na dalszy plan. Bliskość ze Mną jest niczym prywatne źródło wewnętrznej Radości. Płynie ono z tronu łaski, więc twoja Radość jest niezależna od okoliczności.

Trwając w Mojej Obecności, utrzymujesz ze Mną łączność i jesteś świadom tego, co mogę ci dać. Jeśli masz wrażenie, że czegoś ci brakuje, musisz wrócić do Mnie myślami. Właśnie w ten sposób okazujesz Mi zaufanie na ścieżce życia.

Ps 131,2; Ps 21,7; Ps 37,7

20 SIERPNIA

Jestem bogiem, który leczy. Leczę zranione ciało, umysł, serce i relacje. Sama Moja Obecność uzdrawia. Nie możesz żyć blisko Mnie, nie doświadczając Mojej kojącej Mocy. Jednak prawda jest też taka, że *nie posiadasz, gdyż się nie modlisz*. Moja Obecność wpływa na ciebie kojąco bez względu na to, czy o to prosisz, czy nie, ale dla tych, którzy proszą, przygotowałem znacznie więcej.

Aby doświadczyć Mojej uzdrawiającej Mocy, musisz przede wszystkim żyć blisko Mnie. Nie sposób wymienić wszystkich korzyści z tego płynących. Gdy nawiązujesz ze Mną bliższą relację, objawiam ci bardziej bezpośrednio Moją wolę. Kiedy przyjdzie właściwy czas, każę ci prosić Mnie o uleczenie jakiejś twojej lub cudzej rany. Rana może zagoić się natychmiast lub po pewnym czasie. Wszystko zależy ode Mnie. Twoją rolą jest bezgranicznie Mi ufać i dziękować za uzdrowienie, które już się rozpoczęło.

Rzadko leczę wszystkie rany Moich dzieci. Nawet Mój sługa Paweł usłyszał ode Mnie: *„Wystarczy ci Mojej łaski"*, gdy chciał usunąć *oścień ze swojego ciała*. A jednak mam uzdrowienie dla tych, których życie jest ściśle splecione z Moim. *Proś, a będzie ci dane.*

Ps 103,3; Jk 4,2; 2 Kor 12,7–9; Mt 7,7

21 SIERPNIA

Posiedź ze mną przez chwilę. Mam ci wiele do powiedzenia. Idziesz ścieżką, którą dla ciebie wybrałem. Doświadczasz Mojej Obecności i obwieszczasz ją innym – to droga uprzywilejowana i niebezpieczna zarazem. Ta ważna misja sprawia, że bywasz zarozumiały.

Nie przejmuj się tym, co myślą o tobie inni. Moje w tobie działanie na początku nie przynosi widocznych efektów. Jednak w końcu zakwitną kwiaty i pojawią się okazałe owoce. Zostań ze Mną na ścieżce Życia. Ufaj Mi całym sercem, pozwalając, aby Mój Duch napełniał cię Radością i Pokojem.

1 Krl 8,23; Ga 5,22–23

22 SIERPNIA

Miej ufność i się nie lękaj. Chcę, abyś postrzegał próby jako ćwiczenia, które służą wzmacnianiu mięśni zaufania. Toczysz zacięte duchowe bitwy, a strach to jedna z ulubionych broni Szatana. Gdy zaczynasz się bać, zapewniaj Mnie o swojej ufności, powtarzając to wyznanie głośno, jeśli tylko masz jak. *Przeciwstaw się diabłu, wypowiadając Moje Imię, a ucieknie od ciebie*. Pokrzep się w Mojej świętej Obecności. Wychwalaj Mnie słowami lub pieśnią, a opromieni cię wspaniały blask Mojego Oblicza.

Pamiętaj, że *dla tych, którzy są w Chrystusie Jezusie, nie ma już potępienia*. Zostałeś uznany za n i e - w i n n e g o na całą wieczność. *Miej ufność i się nie lękaj, bo jestem twoją Mocą, Pieśnią i Zbawieniem*.

Jk 4,7; Rz 8,1–2; Iz 12,2

23 SIERPNIA

POWIERZ MI SWOICH BLISKICH; oddaj ich pod Moją troskliwą opiekę. U Mnie są o wiele bezpieczniejsi niż w twoich ramionach. Jeżeli pozwolisz, aby któryś z nich stał się bożkiem w twoim sercu, narazisz jego i siebie na niebezpieczeństwo. Pamiętaj, jak skrajnymi środkami posłużyłem się wobec Abrahama i Izaaka. Doprowadziłem Izaaka na krawędź śmierci, by wyzwolić Abrahama z czci oddawanej synowi. Zarówno Abraham, jak i Izaak bardzo cierpieli z powodu niezdyscyplinowanych emocji ojca. Nie znoszę bałwochwalstwa, nawet w formie rodzicielskiej miłości.

Gdy wypuszczasz z uścisku swoich bliskich, Mnie ich powierzając, ty masz jak chwycić Moją dłoń, a Ja mogę obsypywać ich błogosławieństwami. *Oblicze Moje pójdzie za nimi wszędzie i zaznają ode Mnie spokoju.* To samo Oblicze zostaje przy tobie, gdy się rozluźniasz i pokładasz we Mnie ufność. Patrz, aby przekonać się, co uczynię.

RDZ 22,9–12; EF 3,20; WJ 33,14*

---

* Biblia Warszawska, wyd. cyt.

24 SIERPNIA

JESTEM TUŻ OBOK. Nachylam się nad tobą – nawet wtedy, gdy właśnie szukasz Mojego Oblicza. Jestem bliżej, niż ośmielasz się myśleć, bliżej niż powietrze, którym oddychasz. Gdyby Moje dzieci w pełni zdawały sobie sprawę z Mojej Obecności, już nigdy nie czułyby się samotne. *Choć jeszcze nie masz słowa na języku, Ja już znam je w całości.* Moja Obecność dociera do najgłębszych zakamarków twojej istoty. Czy teraz rozumiesz, jak niedorzeczne są twoje próby ukrycia czegokolwiek przede Mną? Możesz bez trudu oszukać innych, nawet siebie, ale Ja czytam cię jak otwartą księgę, zadrukowaną wielkimi literami.

Większość ludzi gdzieś w głębi duszy uświadamia sobie Moją bliską Obecność. Wielu z nich ucieka ode Mnie i zawzięcie zaprzecza Mojemu istnieniu, ponieważ Moja bliskość ich przeraża. Jednak Moje dzieci nie mają się czego bać, ponieważ obmyłem je własną krwią i okryłem płaszczem sprawiedliwości. Niech Moja bliskość będzie dla ciebie błogosławieństwem. Skoro już w tobie mieszkam, pozwól Mi także żyć poprzez ciebie i rozpraszać ciemności Moim Światłem.

Ps 139,1–4; Ef 2,13; 2 Kor 5,21

25 SIERPNIA

JESTEM WIECZNYM JESTEM; zawsze byłem i zawsze będę. Gdy przy Mnie trwasz, doświadczasz Miłości, Światła, Pokoju i Radości. Jestem żywo obecny w każdej chwili twojego życia i uczę cię nieustannie o Mnie pamiętać. Twoim zadaniem jest współdziałanie ze Mną w procesie tej nauki.

Znalazłem w tobie mieszkanie; w najgłębszej części twojej istoty. Ale twoje myśli raz za razem oddalają się od tego świętego Źródła. Niech cię nie niepokoi, że nie potrafisz skoncentrować się na Mnie bez przerwy. Gdy tylko twoje myśli zaczną gdzieś błądzić, po prostu łagodnie skieruj je ku Mnie. Najszybszym sposobem na to, aby ponownie się na Mnie skupić, jest wypowiedzenie szeptem Mojego Imienia.

WJ 3,14; 1 KOR 3,16; PS 25,14–15

26 SIERPNIA

Nie przestawaj mi ufać, gdy dzień wymyka ci się z rąk. Twoja wewnętrzna równowaga – Pokój w Mojej Obecności – nie musi zostać zachwiana. Choć żyjesz w doczesnym świecie, najgłębsza część twojego jestestwa jest zakotwiczona w wieczności. Gdy zaczynasz odczuwać jakiekolwiek napięcie, odetnij się od tego, co dzieje się wokół. Zamiast rozpaczliwie walczyć o kontrolę nad swoim małym światem, odpręż się i pamiętaj, że zewnętrzne okoliczności nie są w stanie naruszyć Mojego Pokoju.

Szukaj Mojego Oblicza, a Ja odsłonię przed tobą Mój umysł i pozwolę ci patrzeć na świat z Mojej perspektywy. *Niech się nie trwoży serce twoje ani się nie lęka.* Wystarczy ci Mojego Pokoju.

J 16,33; Ps 105,4; J 14,27

27 SIERPNIA

SPĘDZAJ ZE MNĄ CZAS dla czystej przyjemności Mojego towarzystwa. Mogę rozświetlić najbardziej ponury z szarych dni, tchnąć iskrę w codzienną rutynę. Każdego dnia musisz wykonywać tyle podobnych czynności. Ta monotonia może pozbawiać cię jasności myślenia, aż w końcu twój umysł wskoczy na jałowy bieg. Wtedy twój umysł jest podatny na pokusy świata, ciała i diabła. Wszystkie te siły ciągną go w dół. Gdy twoje myśli są rozbiegane, stajesz się coraz bardziej zdezorientowany i pogubiony. W takiej sytuacji po prostu ponownie skieruj swój umysł i serce na Mnie – swojego nieodłącznego Towarzysza.

Nawet najbardziej chaotyczny dzień niesie ze sobą szanse, jeśli idziesz krok w krok ze Mną. Moja Obecność towarzyszy ci wszędzie, gdzie pójdziesz, stając się *Światłem na twojej ścieżce*.

Ps 63,8-9; Ps 119,5

28 SIERPNIA

UMACNIAJ SIĘ w Świetle Mojej Obecności. Gdy pada na ciebie Blask Mojego Oblicza, otrzymujesz pokarm, który pomaga ci wzrastać w łasce. Stworzyłem cię w taki sposób, abyś obcował ze Mną twarzą w Twarz, co sprawia, że nabierasz sił duchowych. Nasza łączność daje ci mały przedsmak tego, co czeka cię w niebie, gdzie wszystkie przeszkody oddzielające cię od Mojej Chwały zostaną usunięte. Czas rozmyślań spędzony ze Mną jest dla ciebie podwójnym błogosławieństwem. Po pierwsze, doświadczasz Mojej Obecności w tej właśnie chwili. Po drugie, zostajesz pokrzepiony nadzieją nieba, gdzie będziesz obcował ze Mną w bezkresnej Radości.

Ps 4,7-9; Ap 21,23

29 SIERPNIA

Okaż mi swoje zaufanie, trwając w ciszy w Mojej Obecności. Odłóż na bok wszystkie zadania, które musisz wykonać, i o nic się nie martw. Ten święty czas spędzony ze Mną dodaje ci sił i przygotowuje cię na to, co może przynieść dzień. Gdy przystajesz przy Mnie przed rozpoczęciem swoich codziennych zajęć, obwieszczasz światu Moją żywą Obecność. Ten akt wiary – chwila ciszy przed pracą – zostaje odnotowany w duchowym świecie, gdzie okazane przez ciebie zaufanie osłabia *zwierzchność i władzę ciemności*.

Najskuteczniejszym sposobem na oparcie się złu jest zbliżenie się do Mnie. Gdy będziesz musiał działać, dam ci jasne wskazówki za pośrednictwem Mojego Ducha i Mojego Słowa. Świat jest tak skomplikowany i tak przeładowany bodźcami, że łatwo się w nim pogubić. Jeśli będziesz angażował się w setki niepotrzebnych działań, opadniesz z sił. Spędzając czas ze Mną, odzyskujesz orientację. Podążaj za Moimi wskazówkami, a Ja pozwolę ci osiągać więcej przy mniejszym wysiłku.

Łk 12,22–26; Ef 6,12; Prz 16,3

30 SIERPNIA

NIE MA NA ŚWIECIE MIEJSCA tak opuszczonego, abyś nie mógł Mnie tam znaleźć. Gdy Hagar uciekła przed swoją panią, Sarą, na pustynię, myślała, że jest zupełnie sama i wszyscy ją opuścili. Jednak w tym wyludnionym miejscu spotkała Mnie. Zwróciła się wtedy do Mnie słowami: *Tyś Żyjący, który mnie widzi*. Dzięki temu spotkaniu Hagar zyskała odwagę, aby wrócić do swojej pani.

Żadna życiowa sytuacja nie może cię odciąć od Mojej kochającej Obecności. Widzę cię w każdej chwili – widzę cię jako odkupionego świętego, jaśniejącego cudownym blaskiem w płaszczu sprawiedliwości. Dlatego właśnie *raduję się wielce nad tobą; weselę się nad tobą ze śpiewaniem*.

RDZ 16,7–14*; PS 139,7–10; SO 3,17**

---

* Biblia Warszawska, wyd. cyt.

** Biblia Gdańska, wyd. cyt.

31 SIERPNIA

Niech twoja słabość dodaje ci sił. Niektóre z Moich dzieci obdarzyłem wielką siłą i wytrzymałością. Innym, w tym tobie, ofiarowałem skromny dar wątłości. Twoja kruchość nie jest karą i nie świadczy o braku wiary. Wręcz przeciwnie – ludzie słabi, tacy jak ty, muszą żyć wiarą i opierać się na Moim ramieniu, aby przetrwać dzień. Pracuję nad tobą, abyś potrafił ufać Mi jeszcze głębiej – abyś polegał na Mnie, a nie na swoim rozumie. Masz naturalną skłonność do planowania swoich działań i lubisz wiedziesz, co się kiedy wydarzy. Natomiast Ja wolę, abyś nieustannie zdawał się na Mnie, ufając, że będę tobą kierował i dodawał ci sił, gdy to będzie konieczne. Oto co znaczy umacniać się przez słabość.

Jk 4,13–15; Prz 3,5; Iz 40,28–31

WRZESIEŃ

Ja jestem światłością świata. Kto idzie za Mną, nie będzie chodził w ciemności, lecz będzie miał światło życia.

J 8,12

1 WRZEŚNIA

SZUKAJ MNIE całym sobą. Pragnę, abyś Mnie znalazł, i z tą myślą przygotowuję wszystko, co ci się przydarza. Kiedy wszystko dobrze się układa i jesteś szczęśliwy, czujesz na sobie ciepło Mojego uśmiechu. Gdy przeżywasz trudny czas, ufaj, że Moje Światło opromienia cię mimo wszystko. Powody, dla których zsyłam ci przeciwności, mogą być owiane tajemnicą, ale obiecałem ci nieustanną Obecność. Szukaj Mnie w dobrych chwilach; szukaj Mnie w trudnych chwilach. Znajdziesz Mnie i przekonasz się, że czuwam nad tobą nieustannie.

PWT 4,29; HBR 10,23; PS 145,20

2 WRZEŚNIA

GDY IDZIESZ PRZEZ ŻYCIE, ZDAJĄC SIĘ NA MNIE, przeżywasz wspaniałą przygodę. Większość ludzi ciągle gdzieś pędzi, próbując osiągać rozmaite cele własnymi siłami i umiejętnościami. Niektórzy osiągają sukcesy; inni ponoszą sromotne porażki. Jednak zarówno jedni, jak i drudzy gubią gdzieś cały sens ziemskiej wędrówki. Bo najważniejsze jest to, aby żyć i współdziałać ze Mną.

Gdy zdajesz się na Mnie w każdej sytuacji, twoja perspektywa całkowicie się zmienia. Dostrzegasz dziejące się wokół cuda, podczas gdy inni widzą zjawiska naturalne i „przypadki". Zaczynasz każdy dzień w radosnym oczekiwaniu na Moje działanie. Akceptujesz swoje niedostatki, uznając je za dar ode Mnie, bo wiesz, że *Moc Moja wykona się w słabości*. Robisz tylko bardzo ogólne plany, bo rozumiesz, że Moje plany są zdecydowanie ważniejsze niż twoje. *Świadomie żyjesz, poruszasz się i istniejesz we Mnie* i pragniesz, abym Ja także żył w tobie. Ja w tobie, ty we Mnie. Oto właśnie intymna przygoda, którą możesz ze Mną przeżyć.

2 KOR 12,9–10*; DZ 17,28; KOL 2,6–7; J 14,20

---

* Biblia Gdańska, wyd. cyt.

3 WRZEŚNIA

NIECH ROSA MOJEJ OBECNOŚCI orzeźwi twój umysł i twoje serce. Tak wiele spraw walczy o twoją uwagę w tym złożonym, pełnym pośpiechu świecie. Rzeczywistość bardzo się zmieniła od momentu, kiedy po raz pierwszy nakazałem: *Zatrzymajcie się i we Mnie uznajcie Boga*. Jednak ta wieczna prawda wciąż ma zasadnicze znaczenie dla dobrostanu twojej duszy. Tak jak rosa orzeźwia trawę i kwiaty pośród cichości nocy, tak Moja Obecność dodaje ci sił witalnych, gdy trwasz ze Mną w ciszy.

Orzeźwiony i pokrzepiony umysł jest w stanie odróżniać rzeczy ważne od nieważnych. Twój umysł ma naturalną skłonność do tego, aby skupiać się na mało istotnych sprawach. Kiedy koncentrujesz się na błahostce, jego trybiki obracają się bezradnie jak koła samochodu, który utknął w błocie. Jednak gdy tylko zaczniesz Mi o tym mówić, twój umysł wraca na dobre tory i może skupić się na ważniejszych rzeczach. Rozmawiaj ze Mną nieustannie, a Ja napełnię twój umysł Moimi myślami.

PS 46,11; ŁK 10,39–42; 1 KOR 14,33

4 WRZEŚNIA

PRZY MNIE jesteś bezpieczny. W cieple Mojej Obecności nabierasz sił. Gdziekolwiek jesteś, czujesz się u siebie, doświadczając Mojej bliskości. Od momentu Upadku człowiek ma w sobie ziejącą pustkę, którą wypełnić może tylko Moja Obecność. Stworzyłem cię w taki sposób, abyś pozostawał w bliskim kontakcie ze swoim Stwórcą. Jakże lubiłem przechadzać się po ogrodzie z Adamem i Ewą, dopóki diabeł ich nie oszukał!

Gdy obcujesz ze Mną w ogrodzie swojego serca, zarówno ty, jak i Ja doświadczamy błogosławieństwa. Właśnie w ten sposób żyję w świecie – przez ciebie! Razem odeprzemy ciemność, gdyż *Ja jestem Światłością świata*.

Ps 32,7; Rdz 3,8–9; J 8,12

5 WRZEŚNIA

Jestem nie tylko twoim królem, ale i najlepszym przyjacielem. Idź przez życie, trzymając Mnie za rękę. Wspólnie przeżyjemy wszystko, co może przynieść każdy kolejny dzień: radości, problemy, przygody, rozczarowania. Nic, co ze Mną dzielisz, nie idzie na marne. *Mogę wykrzesać piękno z popiołu* straconych marzeń. Jestem w stanie wydobyć Radość ze smutku i Pokój z przeciwności. Tylko Przyjaciel, który jest jednocześnie Królem królów, może uprawiać tę Boską alchemię. Nikt nie może się ze Mną równać!

Przyjaźń, którą ci oferuję, ma wymiar praktyczny i przyziemny, lecz przenika ją też niebiańska Chwała. Żyjąc w Mojej Obecności, żyjesz w dwóch królestwach jednocześnie: w świecie widzialnym i w niewidzialnej, wiecznej rzeczywistości. Wyposażyłem cię we wszystko, czego potrzebujesz, aby o Mnie pamiętać na pylistych ziemskich drogach.

J 15,13–15; Iz 61,3; 2 Kor 6,10

6 WRZEŚNIA

COKOLWIEK ROBISZ, polegaj na Mnie. Pragnienie samodzielnego działania – działania bez Mojego wsparcia – rodzi się z dumy. Poczucie samowystarczalności to sprytny przeciwnik, który niepostrzeżenie wkrada się w twoje myśli i czyny. Ale *beze Mnie nic nie możesz uczynić* – nic, co ma wartość w perspektywie wieczności. Moim najgłębszym pragnieniem jest to, abyś nauczył się na Mnie polegać w każdej sytuacji. Poruszam niebo i ziemię, aby się to udało, ale musisz ze Mną współdziałać. Byłoby Mi łatwiej, gdybym odebrał ci wolną wolę lub obezwładnił cię swoją Mocą. Jednak za bardzo cię kocham, aby zabrać ci Boski przywilej, który nadałem istocie stworzonej na Moje podobieństwo. Korzystaj ze swojej wolności z rozsądkiem, polegając na Mnie w każdej sytuacji. Dzięki temu będziesz mógł cieszyć się Moją Obecnością i Pokojem.

J 15,5; Ef 6,10; Rdz 1,26–27

7 WRZEŚNIA

Wygrzewaj się w słońcu mojej obecności. Poczuj mrowienie na twarzy, rozkoszując się Moim pełnym miłości Światłem. Radujesz Mnie bardziej, niż możesz to sobie wyobrazić. Jestem ci przychylny w każdej chwili twojego życia, bo widzę cię odzianego w Moje Światło i w *płaszcz sprawiedliwości*. A przecież *dla tych, którzy są we Mnie, nie ma już potępienia*! Właśnie dlatego nie znoszę, gdy w chrześcijanach wzbudza się poczucie winy, aby ich zmotywować.

Niektórzy duchowni starają się pobudzić wiernych do działania, wygłaszając kazania pełne oskarżeń. Niewykluczone, że ta metoda skutecznie mobilizuje do cięższej pracy, ale cel nie uświęca środków. Kazania, które wzbudzają poczucie winy, mogą podkopywać fundament łaski w sercach wierzących. Kaznodzieja może mieć poczucie sukcesu, gdy wierni bardziej się starają, ale Ja patrzę w ich serca. Boleję, widząc, jak Moja łaska eroduje i porasta chwastami niepokoju. Chcę, abyś się odprężył, przyjmując Moje zapewnienie o tym, że kocham cię doskonałą Miłością. *Prawo Mojego Ducha wyzwoliło cię spod prawa grzechu i śmierci.*

Iz 61,10; Rz 8,1–2

8 WRZEŚNIA

Przyjmuj wszystko, co przynosi dzień. Mam tu na myśli nie tylko codzienne wydarzenia, ale też twój stan fizyczny. Twoim zadaniem jest darzyć Mnie pełnym zaufaniem i odpoczywać ze świadomością, że sprawuję zwierzchnią władzę nad wszystkim i nigdy cię nie zawiodę.

Bywają dni, kiedy wszystko zdaje się wymykać spod kontroli: wymagania, którym musisz sprostać, są zdecydowanie ponad twoje siły. Stoisz wtedy przed wyborem – albo się poddasz, albo oprzesz się na Mnie. Nawet jeśli popełnisz błąd i wybierzesz pierwszą możliwość, nie odsunę się od ciebie. Możesz zwrócić się do Mnie w każdej chwili, a Ja pomogę ci wyczołgać się z bagna rozczarowania. Cały czas będę obdarzał cię swoją siłą, dając ci wszystko, czego potrzebujesz danego dnia. Okazuj Mi swoje zaufanie, polegając na Mojej Obecności, która dodaje sił.

Ps 42,6; 2 Kor 13,4; Jr 31,25

9 WRZEŚNIA

KROCZ ZE MNĄ ścieżkami zaufania. Najkrótszą trasą prowadzącą z punktu A do punktu B jest droga bezwzględnego zaufania. Gdy twoja wiara się chwieje, wybierasz szlak, który wije się gdzieś z dala od właściwej trasy. W końcu dotrzesz do punktu B, ale stracisz cenny czas i energię. Gdy tylko zdasz sobie sprawę, że zboczyłeś ze ścieżki ufności, spójrz ku Mnie i wyszepcz: „Ufam Ci, Jezu". To wyzwanie pomoże ci powrócić na właściwą drogę.

Im bardziej oddalasz się od właściwej drogi, błądząc ścieżkami zwątpienia, tym trudniej jest ci pamiętać, że jestem z tobą. Niespokojne myśli rozchodzą się we wszystkie strony, sprawiając, że stajesz się coraz mniej świadom Mojej Obecności. Musisz często zapewniać Mnie o swoim zaufaniu. Ta prosta czynność pomoże ci iść ze Mną prostymi ścieżkami. *Ufaj Mi całym sercem, a Ja twe ścieżki wyrównam.*

Iz 26,4; Ps 9,11; Ps 25,4–5; Prz 3,5–6

10 WRZEŚNIA

MOŻESZ SIĘ DO MNIE ZWRÓCIĆ W KAŻDEJ CHWILI. Odkąd zaufałeś Mi jako swojemu Zbawicielowi, nigdy się od ciebie nie oddalam. Czasem jednak możesz c z u ć, że jesteś daleko ode Mnie. Uznaj to za wrażenie, którego nie należy mylić z rzeczywistością. Na kartach Biblii wielokrotnie obiecuję, że będę z tobą w każdej chwili. Jak zapewniłem Jakuba, gdy przebywał z dala od domu i wędrował w nieznane miejsca, *Jestem z tobą i będę cię strzegł, gdziekolwiek się udasz*. Ostatnia odnotowana obietnica, którą złożyłem swoim naśladowcom, brzmiała: *A oto Ja jestem z wami przez wszystkie dni, aż do skończenia świata*. Niech te zapewnienia o Mojej nieustannej Obecności napełnią cię Radością i Pokojem. Możesz stracić w tym życiu wszystko, ale nie twoją relację ze Mną.

Iz 54,10; Rdz 28,15; Mt 28,20

11 WRZEŚNIA

Raduj się Mną w każdej chwili! Nasza pełna miłości relacja może być dla ciebie źródłem Radości nawet wtedy, gdy wydarzenia przybierają bardzo niekorzystny obrót. Oto sekret, który pozwala *godzić się ze wszystkim, co niesie życie*. Ludzie tak często marzą o dniu, w którym w końcu będą szczęśliwi: wyjdą z długów, przestaną mieć problemy z dziećmi czy na przykład znajdą więcej wolnego czasu. Gdy tak śnią na jawie, kolejne chwile wyciekają im jak cenny balsam z przewróconego naczycia.

Fantazjowanie o szczęściu nigdy nie przyniesie spełnienia, bo fantazje nie mają nic wspólnego z rzeczywistością. Choć Mnie nie widać, jestem o wiele bardziej Realny niż świat dookoła. Moja rzeczywistość jest wieczna i nigdy się nie zmienia. Przynieś Mi chwile swojego życia, a sprawię, że zaczną pulsować Radością. T e r a z jest czas, aby cieszyć się Moją Obecnością!

Flp 4,4, 12[*]; Ps 102,27

---

[*] Biblia Warszawsko-Praska, wyd. cyt.

12 WRZEŚNIA

Przyjmij mój pokój. To dar, który ofiarowuję ci nieustannie. Wyciągasz po niego ręce, gdy trwasz w milczeniu w Mojej Obecności, ufając Mi w każdej sferze swojego życia. *Cisza i ufność* potrafią zdziałać więcej, niż możesz sobie wyobrazić – nie tylko w tobie, ale też na całej ziemi i w niebie. Gdy ufasz Mi, składasz problem lub osobę, której ów problem dotyczy, w Moje ręce.

Może być ci trudno wyrobić w sobie nawyk spędzania ze Mną czasu sam na sam, bo to wbrew światu, który żąda od ciebie ciągłej aktywności. Wbrew pozorom nie siedzisz wtedy bezczynnie, lecz toczysz duchowe boje. Nie walczysz *orężem z ciała*, lecz niebiańską bronią, która *posiada moc burzenia twierdz warownych*. Moja bliskość jest najlepszą obroną przed złem.

J 14,27; Iz 30,15; 2 Kor 10,4

13 WRZEŚNIA

Przyjdź do mnie i odpocznij. Niech twój umysł odetchnie od ciągłego oceniania. Formułujesz sądy na temat zdarzeń, ludzi, własnej osoby, a nawet pogody – jak gdyby osądzanie było głównym twoim zadaniem. A przecież stworzyłem cię przede wszystkim po to, abyś *Mnie znał* i pozostawał w bliskim kontakcie ze Mną. Gdy nieustannie wydajesz sądy, uzurpujesz sobie Moje prawa.

Odnoś się do Mnie jak stworzenie do Stwórcy, owca do Pasterza, poddany do Króla, glina do Garncarza. Pozwól, że to Ja będę decydował o twoim życiu. Zamiast oceniać to, jak z tobą postępuję, przyjmij Moje działanie z wdzięcznością. Bliskość, którą ci proponuję, nie jest zachętą do tego, abyś traktował Mnie jak równego sobie. Czcij Mnie jako *Króla królujących*, idąc ścieżką Życia z dłonią w Mojej dłoni.

Mt 7,1; J 17,3; Rz 9,20–21; 1 Tm 6,15

14 WRZEŚNIA

ODDAWAJ MI CZEŚĆ swoją bliskością. Taki był Mój pierwotny zamysł względem człowieka, w którego *tchnąłem dech własnego Życia*. Pragnę, abyś był blisko Mnie, wędrując po tym ziemskim padole. Każdy dzień jest istotną częścią podróży. Możesz mieć wrażenie, że w sensie doczesnym zmierzasz donikąd, ale twoja duchowa podróż to zupełnie inna kwestia – idziesz stromymi, zdradzieckimi ścieżkami przygody. Jeśli nie chcesz upaść, musisz *kroczyć w Świetle Mojej Obecności*. Gdy żyjesz blisko Mnie, stajesz się *żywą ofiarą*. Nawet najbardziej rutynowe zajęcia mogą być *wyrazem czci, świętym i zgodnym z Moim upodobaniem*.

RDZ 2,7[*]; Ps 89,16; Rz 12,1–2[**]

---

[*] Biblia Warszawsko-Praska, wyd. cyt.

[**] Tamże.

15 WRZEŚNIA

ODPOCZNIJ WE MNIE, MOJE DZIECKO. Czas Mi poświęcony powinien być spokojny, a nie pełen napięcia. Nie musisz niczego robić, aby móc cieszyć się Moją Miłością. Kocham cię bezgranicznie i bezwarunkowo. Boleję, gdy widzę, jak Moje dzieci próbują zapracować na Moją Miłość: starają się coraz bardziej, lecz wciąż im się wydaje, że są niegodni Mojego uczucia.

Uważaj, aby twoje oddanie nie stało się kolejnym zadaniem do wykonania. Chcę, abyś przychodził do Mnie radosny i pewny. Nie musisz się niczego obawiać, gdyż okrywa cię płaszcz Mojej sprawiedliwości. Popatrz Mi w oczy, a przekonasz się, że nie ma w nich potępienia. Zobaczysz tam jedynie Miłość i radość z tego, na którego patrzę. Bądź szczęśliwy, bo *rozpromieniam nad tobą Swe Oblicze, obdarzając cię Pokojem*.

J 15,13; So 3,17; Lb 6,25-26

16 WRZEŚNIA

POWOŁUJĄC CIĘ DO ŻYCIA, chciałem, abyś trwał w jedności ze Mną. Ta jedność nie oznacza, że wyrzekasz się tego, kim jesteś. Wręcz przeciwnie – stajesz się bardziej i w pełni sobą. Gdy zaś starasz się żyć z dala ode Mnie, doświadczasz pustki i rozczarowania. Możesz *zyskać cały świat*, a zarazem stracić wszystko, co naprawdę ma znaczenie.

Znajdź spełnienie w tym, że żyjesz blisko Mnie i podporządkowujesz się Moim względem ciebie zamysłom. Mogę prowadzić cię ścieżkami, które wydają ci się obce, ale musisz wierzyć, że wiem, co robię. Gdy będziesz podążał za Mną krok w krok, odkryjesz te aspekty swojej osobowości, które wcześniej pozostawały w ukryciu. Znam cię dogłębnie – o wiele lepiej niż ty sam. W jedności ze Mną doświadczasz swojej pełni. W Mojej bliskości stopniowo stajesz się taki, jakim od momentu, gdy cię stworzyłem, chciałem, abyś był.

MK 8,36; PS 139,13–16; 2 KOR 3,17–18

17 WRZEŚNIA

NIE ZNAJDZIESZ MOJEGO POKOJU, gdy nieustannie wszystko planujesz, starając się zapanować nad przyszłością. Takie działanie to bardzo częsty przejaw braku wiary. Gdy twoja głowa zajęta jest planowaniem, Pokój może nawet być w twoim zasięgu, ale zawsze ci umyka. Kiedy już ci się wydaje, że przygotowałeś się na wszystkie ewentualności, wydarza się coś niespodziewanego i wszystko pogrąża się w chaosie.

Nie chciałem, aby ludzki umysł był w stanie przenikać przyszłość. To ponad twoje możliwości. Chciałem, aby twój umysł pozostawał w nieustannym kontakcie ze Mną. Przynieś Mi wszystkie swoje potrzeby, nadzieje i lęki. Złóż je w Moje ręce. Zejdź ze ścieżki planowania i wejdź na ścieżkę Pokoju.

1 P 5,6–7; PRZ 16,9; PS 37,5

18 WRZEŚNIA

STARAJ SIĘ PRZEDE WSZYSTKIM MNIE ZADOWOLIĆ. Gdy staniesz dziś na rozwidleniu dróg, potraktuj Moje zadowolenie jako punkt orientacyjny. To uchroni cię przed marnotrawieniem sił. Wolna wola, którą cię obdarzyłem, wiąże się z ogromną odpowiedzialnością. Każdy dzień stawia przed tobą wybór za wyborem. Wiele z nich ignorujesz, przez co podejmujesz decyzje, nawet o tym nie wiedząc. Gdy nie masz punktu orientacyjnego, który ułatwiłby poruszanie się w terenie, możesz łatwo zgubić drogę. Dlatego tak ważne jest, abyś pozostawał w kontakcie ze Mną i w każdej chwili z wdzięcznością myślał o tym, że jestem przy tobie.

Zamieszkujesz zepsuty, bezładny świat, gdzie wszystko ulega rozpadowi. Tylko żywa relacja ze Mną może sprawić, że sam się nie rozpadniesz.

Mt 6,33; J 8,29; Kol 3,23-24

19 WRZEŚNIA

Trwa zacięta walka o panowanie nad twoim umysłem. Ścierają się w niej niebo i ziemia; twoje myśli kształtuje raz jedna, raz druga strona. Stworzyłem cię zdolnym doświadczać przedsmaku nieba na ziemi. Gdy odcinasz się od świata i koncentrujesz na Mojej Obecności, możesz zasiadać ze Mną *na wyżynach niebieskich*. To niezwykły przywilej zarezerwowany dla tych drogich Mi ludzi, którzy uczynili Mnie swoim Panem i szukają Mojego Oblicza. Twoją największą siłą jest pragnienie obcowania ze Mną. Gdy się na Mnie koncentrujesz, *Mój Duch napełnia twój umysł Życiem i Pokojem.*

Świat ciągnie twoje myśli w dół. Media bombardują cię obrazami chciwości, pożądania i cynizmu. Gdy się z nimi stykasz, módl się o ochronę i rozwagę. Pozostawaj ze Mną w nieustannym kontakcie, ilekroć przechodzisz przez nieużytki tego świata. Odrzuć troski, bo są one ukłonem w stronę doczesności: sprawiają, że życie bardziej ci ciąży i nie pozwala doświadczać Mojej Obecności. Bądź czujny, pamiętając, że twój umysł jest polem bitwy. Z utęsknieniem wyczekuj wolnego od konfliktów życia wiecznego, które czeka na ciebie w niebie.

Ef 2,6; Ps 27,8; Rz 8,6; 1 J 2,15–17

20 WRZEŚNIA

Staraj się widzieć wszystko z Mojej perspektywy. Niech Światło Mojej Obecności wypełni twój umysł, abyś mógł patrzeć na świat Moimi oczyma. Gdy mało istotne sprawy nie układają się tak, jak się spodziewałeś, spójrz ku Mnie beztrosko i powiedz: „drobiazg". Ta prosta metoda może uchronić cię przed potężną lawiną drobnych zmartwień i frustracji. Gdy będziesz ją konsekwentnie stosować, dokonasz przełomowego odkrycia: uświadomisz sobie, że sprawy, którymi się martwisz, są w większości nieważne. Jeśli odsuniesz je od siebie i myślami zwrócisz się ku Mnie, zaczniesz przemierzać swoje dni z większą lekkością i uśmiechem. A gdy na twojej drodze pojawią się poważne problemy, okaże się, że jesteś solidniej przygotowany do tego, aby sobie z nimi poradzić. Będziesz miał zapas sił, których nie zmarnowałeś na roztrząsanie błahostek. Być może nawet zgodzisz się z apostołem Pawłem, dochodząc do wniosku, że wszystkie twoje kłopoty są *nieznaczne i chwilowe* w porównaniu z *obfitością chwały*, którą przynoszą.

Prz 20,24; 2 Kor 4,17–18[*]

---

[*] Biblia Warszawska, wyd. cyt.

21 WRZEŚNIA

TRWAJ SPOKOJNIE W MOJEJ OBECNOŚCI, a w najgłębszych zakamarkach twojej istoty będą się rodzić Moje myśli. Nie próbuj przyspieszać tego procesu, pośpiech ściąga twoje serce ku ziemi. Choć jestem Stworzycielem całego wszechświata, postanowiłem urządzić sobie skromny dom w twoim sercu. To właśnie tam poznajesz Mnie najlepiej; to właśnie stamtąd mówię do ciebie świętym szeptem. Poproś Mnie, abym wyciszył twój umysł, dzięki czemu będziesz mógł usłyszeć w sobie Mój *cichy i wolny głos*. Mówię do ciebie nieustannie – słowami Życia... Pokoju... Miłosierdzia. Nastrój swoje serce na mój przekaz – przekaz pełen błogosławieństw. *Przedstaw Mi swoje prośby i czekaj.*

1 Krl 19,12*; Ps 5,4

---

* Biblia Gdańska, wyd. cyt.

22 WRZEŚNIA

MIEJ UFNOŚĆ I ODRZUĆ TROSKI, gdyż *jestem twoją Mocą i Pieśnią*. Dziś rano czujesz się niepewnie, bo myślisz o nadchodzących trudnościach i oceniasz je pod kątem swoich sił. Nie są to jednak zadania na dziś – ani nawet na jutro. Pozostaw je przyszłości i wróć do chwili obecnej, gdzie na ciebie czekam. *Jestem twoją Mocą*, więc mogę dać ci siły, byś sprostał wszystkiemu, co przed tobą. *Jestem twoją Pieśnią*, więc mogę napełnić cię Radością, gdy ze Mną współdziałasz.

Cały czas wracaj myślami do chwili, która właśnie trwa. Spośród wszystkich Moich stworzeń tylko człowiek może wykraczać myślą w przyszłość. Ta zdolność to błogosławieństwo, ale staje się przekleństwem, gdy robi się z niego niewłaściwy użytek. Używając swojego niezwykłego umysłu do martwienia się o jutro, okrywasz się ciemnością zwątpienia. Jednak gdy twoje myśli przenika nadzieja nieba, zaczyna opromieniać cię Światło Mojej Obecności. Niebo to nie tylko czas przyszły, ale i teraźniejszy. Krocząc ze Mną w Świetle, jedną stopą jesteś na ziemi, a drugą – w niebie.

WJ 15,2*; 2 KOR 10,5; HBR 10,23

---

* Biblia Gdańska, wyd. cyt.

23 WRZEŚNIA

WĘDRUJ ZE MNĄ w wolności, jaką daje przebaczenie. Ścieżka, którą idziemy, bywa czasem stroma i śliska. Gdy dźwigasz na swoich plecach poczucie winy, łatwiej o potknięcie i upadek. Na twoją prośbę zdejmę z ciebie ten ciężar i zakopię go pod krzyżem, a wtedy staniesz się naprawdę wolny! Wyprostuj się i noś głowę wysoko w Mojej Obecności, aby nikt nie włożył ci na barki kolejnego ciężaru. Wpatruj się w Moje Oblicze i poczuj na sobie ciepło Mojego pełnego miłości Światła. To właśnie ta bezwarunkowa Miłość uwalnia cię od strachu i grzechu. Poświęć kilka chwil na to, aby powygrzewać się w słońcu Mojej Obecności. Im bliżej Mnie poznajesz, tym bardziej się wyswobadzasz.

Ps 68,20; 1 J 1,7-9; 1 J 4,18

24 WRZEŚNIA

Niech życie w mojej obecności pochłania cię bez reszty. Stopniowo będę zajmował coraz ważniejsze miejsce w twojej świadomości – ważniejsze niż ludzie i miejsca wokół. Nie osłabi to twoich relacji z innymi. Wręcz przeciwnie – będziesz mógł dawać im więcej miłości i wsparcia. Mój Pokój przeniknie twoje słowa i sposób bycia. Pozostaniesz aktywny w świecie, a jednocześnie będziesz od niego o krok oddalony. Niełatwo będzie tobą zachwiać: mój Pokój sprawi, że żadne troski nie będą już bolesne.

Oto ścieżka, którą ci wyznaczyłem. Gdy całym sercem nią podążasz, doświadczasz obfitego Życia i Pokoju.

Ps 89,16–17; Ps 16,8; 2 P 1,2

25 WRZEŚNIA

WKŁADAJ CAŁĄ SWOJĄ ENERGIĘ w ufanie Mi. To właśnie ufność sprawia, że żyjesz w łączności ze Mną, świadomy Mojej Obecności. Każdy krok na twojej życiowej drodze może być krokiem wiary. Małe kroczki zaufania to nic trudnego; czasem stawiasz je prawie machinalnie. Wielkie kroki to zupełnie co innego – wspinasz się na klify niepewności, przeprawiasz się przez *dolinę cienia śmierci*, skaczesz przez mroczne przepaści. Takie wyczyny wymagają skupienia i pełnego oddania.

Każde z Moich dzieci jest unikalnym połączeniem charakteru, talentów i życiowych doświadczeń. Coś, co dla jednego jest małym krokiem, dla drugiego może być wielkim wyczynem, i na odwrót. Tylko Ja wiem, jak łatwy lub trudny jest dany etap podróży. Nie próbuj imponować innym, zachowując się tak, jakby twoje wielkie kroki były czymś nieznaczącym. I nie osądzaj, gdy widzisz, jak ktoś waha się i drży ze strachu, zanim zrobi coś, co dla ciebie byłoby proste. Gdyby każde z Moich dzieci chciało przede wszystkim Mnie zadowolić, strach przed oceną poszedłby w niepamięć, próby zaimponowania innym – także. Skup się na drodze przed tobą i na Tym, który cię nigdy nie opuszcza.

Ps 23,4; Mt 7,1–2; Prz 29,25

26 WRZEŚNIA

Przyjdź do mnie i słuchaj! Dostrój się do Mojego głosu i przyjmij Moje najhojniejsze błogosławieństwa. Zachwycaj się tym, że możesz obcować ze Stwórcą wszechświata, siedząc wygodnie w domu. Królowie, którzy panują na ziemi, często są niedostępni; zwykli ludzie prawie nigdy nie spotykają się z nimi osobiście. Nawet dygnitarze muszą przedrzeć się przez gąszcz biurokracji i zasady protokołu, gdy chcą pomówić z monarchą.

Choć jestem Królem wszechświata, możesz się ze Mną spotkać w każdej chwili. Towarzyszę ci wszędzie, gdziekolwiek jesteś. Nic nie może oddzielić cię od Mojej Obecności! Gdy wisząc na krzyżu, rzekłem: „Wykonało się!", zasłona świątyni rozdarła się na pół, od góry do dołu. Dzięki temu możesz się ze Mną spotkać twarzą w Twarz, bez księży i protokołu. Ja, Król królów, jestem twoim nieodłącznym Towarzyszem.

Iz 50,4; Iz 55,2–3; J 19,30; Mt 27,50–51

27 WRZEŚNIA

ODPOCZNIJ W MOICH WIECZNYCH RAMIONACH. Traktuj swoją słabość jako okazję do tego, aby umacniać się poprzez świadomość Mojej Wszechpotężnej Obecności. Gdy brak ci energii, nie patrz w głąb siebie, lamentując nad niedostatkiem, który tam widzisz. Spójrz ku Mnie – to ci w zupełności wystarczy; ciesz się Moim promiennym bogactwem, z którego możesz czerpać do woli.

Stąpaj dziś z lekkością. Wspieraj się na Mnie i ciesz się tym, że przy tobie jestem. Podziękuj Mi za swoje potrzeby, które budują między nami więzi zaufania. Gdy się odwrócisz i spojrzysz na drogę, którą przebyłeś, przekonasz się, że dni największej słabości to jedne z najcenniejszych chwil w twoim życiu. Wspomnienia tamtych czasów są gęsto poprzeplatane złotymi nićmi Mojej bliskiej Obecności.

Pwt 33,27; Ps 27,13–14

28 WRZEŚNIA

OTWÓRZ SWÓJ UMYSŁ I SWOJE SERCE – całe swoje jestestwo – aby przyjąć pełnię Mojej Miłości. Moje dzieci często kuśtykają przez życie, spragnione tego uczucia, bo nigdy nie nauczyły się go przyjmować. Ta sztuka jest zasadniczo aktem wiary – musisz wierzyć w to, że kocham cię nieskończoną, wieczną Miłością – ale wymaga też dyscypliny – powinieneś uczyć swój umysł zaufania i śmiało się do Mnie zbliżać.

Pamiętaj, że zły jest *ojcem kłamstwa*. Naucz się rozpoznawać jego podstępne ingerencje w twoje myśli. Jedno z jego ulubionych oszustw polega na podkopywaniu twojej wiary w Moją bezwarunkową Miłość. Broń się przed tymi kłamstwami! Bądź gotowy zakwestionować każde z nich. *Przeciwstaw się diabłu, wypowiadając Moje Imię, a ucieknie od ciebie. Przystąp do Mnie*, a Moja Obecność otuli cię Miłością.

EF 3,16–19; HBR 4,14–16; J 8,44; JK 4,7–8

29 WRZEŚNIA

JESTEM Z TOBĄ i przy tobie – otaczam cię złocistym Światłem. W każdej chwili patrzę ci prosto w twarz. Nie ma myśli, która umknęłaby Mojej uwadze. Ponieważ jestem nieskończony, mogę kochać cię tak mocno, jakbyśmy byli jedynymi istotami we wszechświecie.

Podążaj tuż za mną pełen miłości, ale nie zapominaj o Moim Majestacie. Pragnę być twoim najbliższym Przyjacielem, lecz jestem też najwyższym Panem. Stworzyłem twój umysł w taki sposób, abyś mógł Mnie poznać i jako Pana, i jako Przyjaciela. Ludzki umysł jest ukoronowaniem dzieła stworzenia, ale niewielu wykorzystuje go zgodnie z jego pierwotnym przeznaczeniem – po to, aby Mnie poznawać. Mówię do ciebie nieustannie za pośrednictwem Mojego Ducha, Mojego Słowa i Mojego stworzenia. Tylko ludzie mogą Mnie przyjąć i odpowiedzieć na Moją Obecność. Naprawdę jesteś *cudownym, godnym podziwu dziełem*!

Ps 34,5–8; 2 P 1,16–17; J 17,3; Ps 139,14

30 WRZEŚNIA

TRWAM PRZY TOBIE NIEUSTANNIE, otaczając cię opieką. To najważniejsza prawda o twoim istnieniu. Nie ogranicza Mnie ani czas, ani przestrzeń; będę przy tobie na wieki. Nie musisz się bać przyszłych dni, ponieważ Ja już tam jestem. Gdy wykonasz *milowy krok* w wieczność, przekonasz się, że czekam na ciebie w niebiosach. Twoja przyszłość jest w Moich rękach; ofiarowuję ci ją dzień po dniu, chwila po chwili. *Nie troszcz się o jutro.*

Chce, abyś żył dziś pełnią życia – zobacz wszystko, co jest do zobaczenia, i zrób wszystko, co jest do zrobienia. Nie rozpraszaj się, myśląc o problemach, które są przed tobą. Zostaw je w Moich rękach! Każdy dzień jest cudownym darem, ale niewielu potrafi żyć dniem dzisiejszym. Dużą część energii, którą powinni poświęcić na życie w obfitości, marnotrawią na troski o przyszłość i użalanie się nad przeszłością. W rezultacie Moje dzieci ledwo powłóczą nogami, zamiast wykorzystywać wszystko, co przynosi dzień. Uczę cię skupiać się na Mnie w tej konkretnej chwili. Właśnie w ten sposób przyjmujesz dar obfitego Życia – Życia, które płynie szerokim strumieniem z Mojego tronu łaski.

Mt 6,34; J 10,10; Jk 4,13–15

Październik

*Przyjdźcie do Mnie wszyscy, którzy utrudzeni
i obciążeni jesteście, a Ja was pokrzepię.*

Mt 11,28

1 PAŹDZIERNIKA

CZCIJ TYLKO MNIE. Jam jest *Król królujących i Pan panujących, który zamieszkuje Światłość niedostępną.* Strzegę cię! Jestem nie tylko oddanym, ale też niezwykle skutecznym Opiekunem. Odpocznij we Mnie, Mój zmęczony wędrowcze, gdyż odpoczynek jest formą czci.

Choć zwyczaj samobiczowania należy już do przeszłości, Moje dzieci często traktują same siebie jak konie wyścigowe. Batem mobilizują się do działania, ignorując zmęczenie. Zapominają, że sprawuję zwierzchnią władzę nad wszystkim, a *Moje drogi górują nad ich drogami.* Służą Mi w pośpiechu, a gdzieś w głębi serca mogą czuć do Mnie urazę i uważać Mnie za surowego ciemiężcę. Cześć, którą Mi oddają, jest letnia, gdyż nie jestem ich *Pierwotną Miłością.*

Moje zaproszenie jest zawsze takie samo: *Przyjdźcie do Mnie wszyscy, którzy utrudzeni i obciążeni jesteście, a Ja was pokrzepię.* Oddawaj Mi cześć poprzez spokojny odpoczynek w Mojej Obecności.

1 TM 6,15–16; IZ 55,8–9; AP 2,4; MT 11,28

2 PAŹDZIERNIKA

NIGDY NIE TRAKTUJ MOJEJ BLISKOŚCI jako czegoś oczywistego. Nieustannie zachwycaj się tym, że jestem przy tobie. Żaden kochający cię człowiek, nawet najbardziej oddany, nie może towarzyszyć ci w każdej chwili, podobnie jak żaden człowiek nie jest w stanie dotrzeć do zakamarków twojego serca, umysłu i duszy. Ja zaś *wiem o tobie wszystko – policzyłem nawet włosy na twojej głowie.* Nie musisz wkładać żadnego wysiłku w to, aby się przede Mną odsłonić.

Wielu poświęca mnóstwo czasu i pieniędzy, aby znaleźć kogoś, kto ich zrozumie. Tymczasem Ja jestem dostępny dla wszystkich, którzy wzywają Moje Imię, którzy otwierają swoje serca, aby przyjąć Mnie jako Zbawiciela. Ten prosty akt wiary jest początkiem miłości na całe życie. Ja, Ukochany twojej duszy, rozumiem cię doskonale i kocham cię wiecznie.

Łk 12,7; J 1,12; Rz 10,13

3 PAŹDZIERNIKA

Nie przestawaj Mi ufać, gdy wiele spraw zdaje się iść w złym kierunku. Dziękuj Mi, gdy twoje życie wymyka ci się spod kontroli. Taka ufność i wdzięczność to odpowiedź nadprzyrodzona, która może wynieść cię ponad to, co ci się przydarza. Gdy w obliczu trudności ulegniesz swoim instynktom, możesz paść ofiarą negatywnych myśli. Wystarczy kilka skarg, abyś stracił jasność widzenia oraz myślenia i zaczął zsuwać się po równi pochyłej. A gdy już ulegniesz błędnym wyobrażeniom, z twoich ust popłyną żale, ściągając cię w dół. Im niżej się znajdziesz, tym szybciej będziesz się ześlizgiwał. Jednak w każdej chwili możesz użyć hamulców. Zawołaj Mnie głośno po Imieniu! Zapewnij Mnie o swoim zaufaniu, nieważne, jak się czujesz. Podziękuj Mi za wszystko, nawet jeśli wydaje ci się to nienaturalne, a nawet irracjonalne. Stopniowo zaczniesz wdrapywać się z powrotem na górę, odzyskując grunt pod nogami.

A wtedy będziesz mógł z pokorą stawić czoło sytuacji. Jeśli tym razem twoja odpowiedź będzie tą nadprzyrodzoną – będziesz Mi ufał i dziękował – doświadczysz Mojego bezkresnego Pokoju.

Ps 13,6; Ef 5,20

4 PAŹDZIERNIKA

JESTEM STWORZYCIELEM NIEBA I ZIEMI: Panem wszystkiego, co jest i kiedykolwiek będzie. Choć Moja wielkość jest niepojęta, spodobało mi się uczynić sobie w tobie mieszkanie i wypełniać cię Moją Obecnością. To, że Ktoś tak wielki żyje w kimś tak małym, jest możliwe tylko w duchowym królestwie. Zachwycaj się Mocą i Chwałą Mojego Ducha, który w tobie żyje.

Choć Duch Święty jest nieskończony, *raczy być twoim Pocieszycielem*. Ów Pocieszyciel jest zawsze gotów do pomocy; musisz tylko o nią poprosić. Gdy droga przed Toba wydaje się łatwa i prosta, czujesz pokusę, aby przestać na Mnie polegać i iść w pojedynkę. Właśnie wtedy ryzyko potknięcia się jest największe. Poproś Mojego Ducha, aby pomagał ci na każdym kroku twojej drogi. Nigdy nie lekceważ tego cudownego Źródła siły, jakie w sobie nosisz.

J 14,16–17; J 16,7; ZA 4,6

5 PAŹDZIERNIKA

Pamiętaj, że radość nie zależy od okoliczności. Wśród najnieszczęśliwszych ludzi na świecie są tacy, których życie zdaje się godne zazdrości. Ci, którzy wspięli się na sam szczyt kariery, są często zdumieni tym, że nic tam nie ma. Prawdziwa Radość jest pochodną życia w Mojej Obecności. Dlatego właśnie możesz jej doświadczać i w pałacach, i w więzieniach... wszędzie.

Jeśli dzień przynosi problemy, nie zakładaj, że nie zaznasz Radości. Lepiej skup się na tym, aby pozostawać ze Mną w kontakcie. Wiele z problemów, które głośno domagają się twojej uwagi, znajdzie rozwiązanie bez twojego udziału. Z innymi będziesz musiał sobie jakoś poradzić, ale możesz liczyć na Moją pomoc. Jeżeli Moja bliskość będzie dla ciebie ważniejsza niż rozwiązanie problemu, odnajdziesz Radość nawet w najtrudniejszych dniach.

Ha 3,17–19; 1 Krn 16,27

6 PAŹDZIERNIKA

BĄDŹ GOTÓW PÓJŚĆ tam, gdzie cię poprowadzę. Podążaj za Mną z entuzjazmem i radosnym wyczekiwaniem, które sprawiają, że przyspieszasz kroku. Nie masz pojęcia, co cię czeka, ale Ja widzę twoją drogę – i to wystarczy. Niektóre z Moich największych błogosławieństw kryją się tuż za rogiem: są niewidoczne, ale prawdziwe. Aby otrzymać te dary, musisz *żyć według wiary, a nie dzięki widzeniu*. Nie oznacza to, że powinieneś zamykać oczy na wszystko, co cię otacza. Oznacza to, że widzialny świat powinien być dla ciebie mniej ważny niż niewidzialny Pasterz twojej duszy.

Czasem prowadzę cię na wysoką górę i możesz opierać się wyłącznie na Moim ramieniu. Im dłużej idziesz, tym wspanialszy widok się przed tobą rozciąga i tym bardziej oddalasz się od świata i jego problemów. Dzięki temu możesz w pełni rozkoszować się radosną rzeczywistością Mojej Obecności. Zatrać się w tych chwalebnych chwilach, skąpanych w olśniewającym Świetle. W końcu sprowadzę cię z góry i wrócisz do swojej społeczności. Niech Moje Światło opromienia cię także wtedy, gdy znów będziesz między ludźmi.

2 Kor 5,7; Ps 96,6; J 8,12; Ps 36,10

7 PAŹDZIERNIKA

JEŚLI CHCESZ USŁYSZEĆ MÓJ GŁOS, musisz złożyć wszystkie swoje troski w Moje ręce. Powierz Mi wszystko, co cię trapi. Dzięki temu będziesz mógł bez przeszkód szukać Mojego Oblicza. Pozwól, że uwolnię cię od strachu, który kryje się gdzieś głęboko w tobie. Trwaj w ciszy w Mojej Obecności, czekając, aż Moje Światło przeniknie twoje wnętrze i wygna stamtąd ciemność.

Przyjmuj wszystko, co przynosi dzień, pamiętając, że sprawuję zwierzchnią władzę nad twoim życiem. Ciesz się *tym dniem, który uczyniłem*, wierząc, że jestem w nim żywo obecny. Zamiast żałować, że sprawy nie potoczyły się inaczej, lub reagować niezadowoleniem, *dziękuj Mi w każdym położeniu*. Miej ufność i się nie lękaj; dziękuj Mi i odpoczywaj w cieniu Mojego panowania.

1 P 5,6–7; Ps 118,24; 1 Tes 5,18

8 PAŹDZIERNIKA

Kocham cię odwieczną miłością. Ludzki umysł nie jest w stanie pojąć tej stałości. Twoje emocje chwieją się i drżą w obliczu zmieniającej się sytuacji i masz skłonność do tego, aby Mnie również przypisywać taką niestałość uczuć. A wtedy nie możesz w pełni cieszyć się Moją niesłabnącą Miłością.

Sięgnij wzrokiem poza zmienność okoliczności i przekonaj się, że Ja również na ciebie patrzę – z Miłością. Ta świadomość Mojej Obecności dodaje ci sił, gdy przyjmujesz Moją Miłość i na nią odpowiadasz. *Jestem ten sam wczoraj, dzisiaj i na wieki.* Niech Moja Miłość płynie ku tobie nieustannie. Potrzebujesz Mnie tak nieprzerwanie, jak nieprzerwany jest strumień Mojego uczucia.

Jr 31,3; Wj 15,13; Hbr 13,8*

---

* Biblia Poznańska, wyd. cyt.

9 PAŹDZIERNIKA

DŁUGO PIĄŁEŚ SIĘ POD GÓRĘ i zaczyna brakować ci sił. Choć nieraz się potknąłeś, nie puściłeś Mojej dłoni. Cieszy Mnie, że pragniesz być blisko. Jest jednak coś, co Mi się nie podoba – twoja skłonność do narzekania. Możesz opowiadać Mi o trudnościach szlaku, którym idziemy, kiedy tylko chcesz. Lepiej niż ktokolwiek inny rozumiem napięcie, jakie ci towarzyszy. Możesz spokojnie dawać wyraz swoim uczuciom: rozmowa ze Mną uspokaja twoje myśli i pomaga ci spojrzeć na świat z Mojej perspektywy.

Jednak wylewanie przed innymi swoich żalów to zupełnie inna kwestia. Jest to furtka do śmiertelnych grzechów, takich jak użalanie się nad sobą czy gniew. Ilekroć czujesz pokusę, aby ponarzekać, przyjdź do Mnie i porozmawiaj ze Mną o tym. Kiedy się na Mnie otworzysz, napełnię twój umysł Moimi myślami, a twoje serce – Moją pieśnią.

JR 31,25; FLP 2,14–15

10 PAŹDZIERNIKA

UFAJ MI NA TYLE, aby nie starać się przewidywać i kontrolować tego, co się wydarzy. Odpręż się i pokrzep w Blasku Mojej wiecznej Miłości. Choć Moje miłosne Światło nigdy nie przygasa, często jesteś nieświadomy Mojej promiennej Obecności przy tobie. Gdy wybiegasz myślami wprzód, zastanawiając się nad tym, co zrobisz czy powiesz, starasz się być samowystarczalny – próbujesz radzić sobie bez Mojej pomocy. To mało oczywisty grzech, który jest tak powszechny, że często pozostaje niezauważony.

Alternatywą jest życie chwilą obecną i nieustanne poleganie na Mnie. Zamiast się obawiać, że twoje zasoby okażą się niewystarczające, ciesz się Moimi obfitymi dobrami. Ćwicz swój umysł, aby w każdej chwili szukał u Mnie pomocy, nawet jeśli czujesz się wystarczająco pewnie, aby samodzielnie się z czymś zmierzyć. Nie dziel swoich spraw na te, z którymi sam sobie poradzisz, i te, przy których będziesz potrzebował Mojego wsparcia. Naucz się polegać na Mnie w każdej sytuacji. Dzięki temu zaczniesz bardziej cieszyć się życiem i będziesz śmiało stawiać czoła wszystkiemu, co niesie dzień.

Ps 37,3-6; Flp 4,19

11 PAŹDZIERNIKA

JESTEM KWINTESENCJĄ wszystkich twoich nadziei i pragnień. *Jam jest Alfa i Omega, Ten, Który jest, Który był i Który przychodzi.* Zanim Mnie poznałeś, wyrażałeś swoją tęsknotę za Mną w szkodliwy sposób. Byłeś też niezwykle podatny na otaczające cię zło. Ale teraz z Miłością tulę cię w swoich ramionach, a Moja Obecność jest niezawodną ochroną przed złem. *Podźwignąłem cię z mroku do Mojego cudownego Światła.*

Wniosłem w twoje życie wiele przyjemności, ale żadna z nich nie jest niezbędna. Przyjmuj Moje błogosławieństwa z otwartymi rękoma. Ciesz się Moimi podarunkami, ale bądź gotów z nich zrezygnować. Skup swoją uwagę na *Dawcy wszelkiego dobra* i odpręż się, wiedząc, że we Mnie doświadczasz swojej pełni. Jedyna rzecz, której bezwzględnie potrzebujesz, jest zarazem jedyną rzeczą, której nigdy nie zdołasz utracić. Tą rzeczą jest Moja Obecność przy tobie.

Ps 62,6–9; Ap 1,8; 1 P 2,9*; Jk 1,17

---

* Biblia Warszawsko-Praska, wyd. cyt.

12 PAŹDZIERNIKA

Nie patrz na siebie oczyma innych. Ten nawyk niesie ze sobą pewne niebezpieczeństwo. Po pierwsze, prawie niemożliwe jest, abyś się dowiedział, co ludzie naprawdę o tobie myślą. Po drugie, opinie na twój temat są zmienne i zależne od duchowego, emocjonalnego i fizycznego stanu osób, które je wydają. Jednak – co najważniejsze – pozwalając, aby inni cię definiowali, zbliżasz się do granicy bałwochwalstwa. Twój niepokój o to, czy uda ci się zadowolić ludzi wokół, gasi twoje pragnienie zadowolenia Mnie, twojego Stwórcy.

Jeśli chcesz zobaczyć prawdziwy obraz własnej osoby, patrz na siebie M o i m i   o c z y m a. Wpatruję się w ciebie spokojnym, pewnym wzrokiem, a grzech nie odbiera Mi jasności widzenia. Gdy patrzysz na siebie z Mojej perspektywy, widzisz osobę, którą otacza wielka i wieczna Miłość. Odpocznij pod Moim czułym wzrokiem, a ześlę ci głęboki Pokój. Odpowiedz na Moją kochającą Obecność, *oddając Mi cześć w duchu i prawdzie*.

Hbr 11,6; J 4,23–24

13 PAŹDZIERNIKA

ZATRZYMAJ SIĘ przy Mnie, zapominając na chwilę o pośpiechu. Im więcej masz problemów, tym bardziej potrzebujesz tej świętej przestrzeni, w której ze Mną obcujesz. Oddychaj powoli i głęboko. Odpoczywaj w Mojej świętej Obecności, a Ja będę *rozpromieniał nad tobą swoje Oblicze*. Właśnie w ten sposób przyjmujesz dar Mojego Pokoju, który nieustannie ci ofiaruję.

Wyobraź sobie, jak wielki czuję ból, gdy Moje dzieci stają się kłębkiem nerwów, zapominając o darze Pokoju. Aby zapewnić ci to błogosławieństwo, umarłem śmiercią zbrodniarza. Przyjmij więc ten dar z wdzięcznością i schowaj w swoim sercu. Mój Pokój jest wewnętrznym skarbem, który się pomnaża, gdy darzysz Mnie zaufaniem. A zatem zewnętrzne okoliczności nie mają nań żadnego wpływu. Zatrzymaj się, ciesząc się Pokojem w Mojej Obecności.

Ps 46,11; Lb 6,25–26

14 PAŹDZIERNIKA

Bądź gotów cierpieć za Mnie – cierpieć w Moje Imię. W moim królestwie cierpienie zawsze ma sens. Ból i problemy to szansa pokazania, jak bardzo Mi ufasz. Dzielnie stawiając czoła temu, co cię spotyka – a nawet Mi za to dziękując – chwalisz Mnie w najdoskonalszy sposób. Ta dziękczynna ofiara sprawia, że na wyżynach niebieskich rozlega się złociste brzmienie dzwonów Radości. Natomiast na ziemi twoje cierpliwe cierpienie obwieszcza dobrą nowinę, która rozchodzi się jak kręgi na wodzie.

Gdy doświadczasz bólu, pamiętaj, że sprawuję zwierzchnią władzę nad wszystkim i mogę wykrzesać dobro z każdej sytuacji. Nie próbuj uciekać od cierpienia i kryć się przed problemami. Zamiast tego przyjmij przeciwności w Moje Imię i złóż Mi je w ofierze, pozwalając, abym wykorzystał je do swoich celów. W ten sposób cierpienie nabiera sensu i przybliża cię do Mnie. Dzięki zaufaniu i wdzięczności, z popiołów twoich problemów powstaje Radość.

Jk 1,2–4; Ps 107,21–22

15 PAŹDZIERNIKA

STARAJ SIĘ NIEUSTANNIE O MNIE MYŚLEĆ, przemierzając dzisiejszy dzień. Moja Obecność przy tobie jest zarówno obietnicą, jak i tarczą. Ostatnie słowa, które wypowiedziałem przed wstąpieniem do nieba, brzmiały: *A oto Ja jestem z wami przez wszystkie dni.* To obietnica dla wszystkich Moich naśladowców, bez wyjątku.

Obietnica Mojej Obecności jest potężną tarczą. Idąc ścieżką życia, natykasz się na liczne pułapki. Wiele głosów domaga się twojej uwagi, próbując zwieść cię na manowce. Kilka kroków od twojej prawdziwej drogi czają się rozpadliny rozpaczy i żalu nad sobą, pogórza dumy i uporu. Gdy odwracasz ode Mnie wzrok i zbaczasz z trasy, grozi ci poważne niebezpieczeństwo. Nawet przyjaciel pełen najlepszych intencji może sprowadzić cię na manowce, jeśli pozwolisz mu uzurpować sobie Moje miejsce w twoim życiu. Jeśli chcesz pozostać na ścieżce Życia, musisz spoglądać ku Mnie nieustannie. Świadomość Mojej Obecności jest najlepszą tarczą.

MT 28,20; HBR 12,1–2

16 PAŹDZIERNIKA

Zwracaj się do Mnie nieustannie jako swojego Pomocnika, Pocieszyciela i Towarzysza. Jestem zawsze przy tobie, więc nawet najbardziej przelotne spojrzenie wystarczy, aby nawiązać ze Mną kontakt. Gdy szukasz u Mnie pomocy, płynie ona szerokim strumieniem z Mojej Obecności, a świadomość tego, że Mnie potrzebujesz – zarówno w drobnych, jak i w wielkich sprawach – ożywia cię duchowo.

Bardzo lubię brać cię w ramiona, gdy potrzebujesz pocieszenia. Odzyskujesz wtedy spokój i Moje pocieszenie poprzez ciebie spływa na innych. W ten sposób doświadczasz podwójnego błogosławieństwa, ponieważ sam również absorbujesz część tego, co płynie poprzez ciebie.

Moje nieustanne Towarzystwo jest ukoronowaniem wszystkich błogosławieństw zbawienia. Choćbyś poniósł największą stratę w życiu, nikt nie odbierze ci tego chwalebnego daru.

Ps 34,5-7; Ps 105,4; 1 Kor 1,3-4

17 PAŹDZIERNIKA

POWODEM NIEPOKOJU jest wyobrażanie sobie przyszłości beze Mnie. Tak więc jeśli chcesz skutecznie oprzeć się zmartwieniom, musisz pozostawać w nieustannym kontakcie ze Mną. Gdy się ku Mnie zwracasz, możesz myśleć o wiele pozytywniej. Pamiętaj, że powinieneś nie tylko mówić, ale też słuchać. Wtedy twoje myśli staną się dialogiem ze Mną.

Jeśli już musisz rozmyślać o tym, co cię czeka, przestrzegaj dwóch zasad. Po pierwsze, nie rozmyślaj o przyszłości zbyt długo, bo wtedy obawy pojawiają jak grzyby po deszczu. Po drugie, pamiętaj o obietnicy Mojej nieustannej Obecności. Wkomponuj ją w każdy obraz, który pojawi się w twojej głowie. Taka mentalna dyscyplina nie jest łatwa, przywykłeś bowiem do bycia bogiem swoich wyobrażeń. Jednak fakt, że będę zawsze przy tobie, przyćmiewa wszelką fantazję.

ŁK 12,22–26; EF 3,20–21

18 PAŹDZIERNIKA

Przejdź łagodnie przez dzisiejszy dzień, nie odwracając ode Mnie wzroku. Wędruj z ufnością, a Ja będę torował ci drogę. Czasem wydaje ci się, że masz przed sobą przeszkodę nie do pokonania. Gdy będziesz się na niej skupiał lub zaczniesz szukać okrężnej drogi, prawdopodobnie zbłądzisz. Skup się lepiej na Mnie, swoim Pasterzu, który prowadzi cię przez życie. Zanim się zorientujesz, przeszkoda znajdzie się za tobą, a ty nie będziesz miał pojęcia, jak udało ci się ją pokonać.

Oto właśnie sekret zwycięstwa w Moim królestwie. Choć jesteś świadomy widzialnego świata wokół siebie, to Ja znajduję się w centrum twojej uwagi. Gdy droga przed tobą wygląda na kamienistą, ufaj, że pomogę ci ją pokonać. Moja Obecność pozwala ci śmiało stawiać czoła wszystkiemu, co przynosi dzień.

J 10,14–15; Iz 26,7

19 PAŹDZIERNIKA

Przyjdź do mnie zupełnie bezbronny, gotów przyjąć błogosławieństwo Mojej Obecności. Odpręż się i poczuj ulgę, wiedząc, że ze Mną możesz być całkowicie szczery i prawdziwy. Nie musisz niczego ukrywać ani odsłaniać, ponieważ wiem o tobie wszystko. Z nikim nie uda ci się nawiązać podobnej relacji. Rozkoszuj się tym bogactwem, wygrzewając się w Moim złocistym Świetle.

Jednym z najgorszych skutków Upadku są misterne bariery, które ludzie stawiają między sobą. Świat jest pełen pozorów. Dotyczy to także Kościoła, który jest Moim Ciałem. Czasem kościół jest ostatnim miejscem, w którym ludzie czują się swobodnie. Kryją się za niedzielnymi ubraniami i niedzielnymi uśmiechami. Czują ulgę, gdy wychodzą na zewnątrz, ponieważ mogą zrzucić z siebie poczucie fałszywej wspólnoty. Najlepszym antidotum na tę sztuczność jest doświadczanie Mojej Obecności w kościele. Skupiaj się przede wszystkim na tym, aby ze Mną obcować oraz czcić i wysławiać Moje Imię. Wtedy będziesz mógł uśmiechać się do innych Moją Radością i kochać ich Moją Miłością.

1 J 1,5–7; Wj 33,14; Flp 4,8–9

20 PAŹDZIERNIKA

JESTEM TWOIM ŻYWYM BOGIEM. Mam w sobie więcej życia niż najbardziej żywotna istota, jaką znasz. Ludzkie ciało jest niezwykłym dziełem, ale podlega działaniu grawitacji i nieuniknionemu procesowi starzenia. Nawet najwspanialszy sportowiec nie zdoła zachować formy przez kilkadziesiąt lat. Trwałą obfitość życia znajdziesz tylko we Mnie. Nie martw się słabością swojego ciała; postrzegaj ją jako szczelinę, przez którą mogę napełniać cię Moją siłą.

Gdy coraz bardziej się ze Mną identyfikujesz, Moje Życie coraz ściślej splata się z twoim. Choć proces starzenia postępuje, ty w miarę upływu lat stajesz się coraz silniejszy wewnętrznie. Ludzie, którzy żyją blisko Mnie, mają w sobie żywotność, która sprawia, że wydają się młodzi mimo swojego wieku. Niech Moje Życie prześwieca przez ciebie, gdy kroczysz ze Mną *w Światłości*.

PS 139,14; KOL 1,29; 1 J 1,7

21 PAŹDZIERNIKA

Aby nieustannie żyć w Mojej Obecności, musisz odsłonić i odrzucić swoją buntowniczość. Nie podoba ci się, gdy coś koliduje z twoimi planami lub pragnieniami. Uświadom sobie swoje niezadowolenie. Staraj się nie tłumić nieprzyjemnych uczuć; niech wypłyną na powierzchnię świadomości, a zdołasz stawić im czoło. Poproś Mojego Ducha, aby pomógł ci zdać sobie sprawę z żywionej urazy. Przynieś ją Mnie, a opromieni ją Moje Światło i będziesz od niej wolny.

Najskuteczniejszym sposobem na pozbycie się buntowniczości jest poddanie Mi się. Na poziomie rozumowym cieszysz się Moją zwierzchnością, bez której świat byłby przerażający. Jednak gdy tylko wkraczam na ten malutki obszar, który kontrolujesz, często reagujesz niezadowoleniem.

Najlepszą reakcją na straty i zawiedzione nadzieje jest wychwalanie: *Dał Pan i zabrał Pan. Niech będzie imię Pańskie błogosławione.* Pamiętaj: wszystko, co dobre (twój dobytek, rodzina i przyjaciele, zdrowie, zdolności i czas) to dary ode Mnie. Zamiast myśleć, że ci się one należą, przyjmuj je z wdzięcznością. Bądź gotów zrezygnować ze wszystkiego, co postanowię ci odebrać, ale nigdy nie puszczaj Mojej dłoni!

Ps 139,23–24; 1 P 5,6; Hi 1,21

22 PAŹDZIERNIKA

CHOĆBYŚ znalazł się w niewyobrażalnie trudnej sytuacji, zawsze możesz czerpać Radość z Mojej Obecności. Bywają dni, kiedy Radość ściele się na przydrożu gęstym kobiercem, połyskując w promieniach słońca. Być zadowolonym w takich chwilach jest równie łatwo jak wziąć kolejny oddech czy postąpić krok. Inne dni są pochmurne i ponure; trudno jest ci wtedy znieść trudy podróży, która zdaje się nie mieć końca. Twój wzrok pada na szare skały, które kaleczą ci stopy. Jednak i wtedy Radość jest możliwa. *Poszukuj jej jak ukrytych skarbów.*

Zacznij od przypomnienia sobie, że ten dzień nie jest dziełem przypadku, lecz Moich rąk. Pamiętaj, że jestem przy tobie, nawet jeśli tego nie czujesz. Następnie porozmawiaj ze Mną o wszystkim, co zajmuje twoje myśli. Raduj się tym, że rozumiem cię w pełni i doskonale wiem, co przeżywasz. Podczas rozmowy ze Mną twój nastrój będzie się stopniowo poprawiał. Świadomość Mojej cudownej Obecności może tchnąć Radość nawet w najmroczniejszy dzień.

PS 21,7; PRZ 2,4[*]

---

[*] Biblia Warszawska, wyd. cyt.

23 PAŹDZIERNIKA

Skup się na Mnie i poczuj, jak opromienia cię Światło Mojej Obecności. Otwórz umysł i serce, aby zobaczyć uśmiech aprobaty, który ci posyłam. Niech Moja złocista Miłość przeniknie cię całego, rozświetlając najgłębsze zakamarki twojej istoty. Gdy się Mną napełniasz, doświadczasz radosnej jedności ze Mną: *ty we Mnie, Ja w tobie*. Ty i Ja przeplatamy się ze sobą i stajemy się nierozłączni. Napełniam twoją duszę Radością płynącą z Mojej Obecności; *po Mojej prawicy są rozkosze na wieki*.

J 17,20–23; Ps 16,11

24 PAŹDZIERNIKA

Połóż się na zielonych pastwiskach Pokoju. Naucz się rozluźniać, gdy to tylko możliwe, i odpoczywać przy swoim Pasterzu. W dzisiejszych zdominowanych przez elektronikę czasach Moje dzieci spędzają większość czasu podłączone do rozmaitych urządzeń i są zbyt spięte, aby Mnie odnaleźć. A przecież zaszczepiłem ci potrzebę odpoczynku. Porządek świata zostaje poważnie naruszony, gdy ludzie mają poczucie winy, zaspokajając tę podstawową potrzebę! Ileż czasu i energii tracą, ciągle gdzieś pędząc, zamiast niespiesznie szukać Moich wskazówek.

Wezwałem cię do pójścia ze Mną *drogą Pokoju*. Chcę, abyś przecierał szlaki innym, którzy także pragną żyć w Mojej dającej pokój Obecności. Wybrałem cię nie tyle ze względu na twoją siłę, co ze względu na twoją słabość, która sprawia, że jeszcze bardziej Mnie potrzebujesz. Polegaj na Mnie z coraz większą ufnością, a Ja ześlę Pokój na wszystkie twoje ścieżki.

Ps 23,1–3; Rdz 2,2–3; Łk 1,79

25 PAŹDZIERNIKA

JAM JEST *Emmanuel, Bóg z tobą*. Będę przy tobie po kres czasu i przez całą wieczność. Nie pozwól, aby oczywistość tego faktu sprawiła, że twój umysł stanie się na niego nieczuły. Moja ciągła Obecność przy tobie jest nieustannym źródłem Radości, z którego tryskają strumienie obfitego Życia. Niech twój umysł rozbrzmiewa znaczeniem Moich Imion: Jezus – *Bóg zbawia* i Emmanuel – *Bóg z nami*. Bądź świadom Mojej Obecności nawet wtedy, gdy jesteś bardzo zajęty. Rozmawiaj ze Mną o wszystkim, co cię zachwyca i smuci, o wszystkim, co zajmuje twoje myśli. Te drobne kroczki stawiane na polu codziennej dyscypliny sprawią, że pozostaniesz blisko Mnie na ścieżce Życia.

MT 1,21; DZ 2,28

26 PAŹDZIERNIKA

PRZYJDŹ DO MNIE, gdy cierpisz, a Ja uśmierzę twój ból. Przyjdź do Mnie, gdy jesteś radosny, a Ja podzielę twoją Radość, wielokrotnie ją pomnażając. Daję ci wszystko, czego potrzebujesz, wtedy, gdy tego potrzebujesz. Tylko we Mnie znajdziesz zaspokojenie swoich najgłębszych potrzeb.

Nastała era poradników. Księgarnie są pełne książek, które radzą czytelnikom, jak o siebie zadbać, i stawiają człowieka w centrum wszechświata. Opisywane w poradnikach metody uczą przede wszystkim tego, jak stać się samowystarczalnym i pewnym siebie. Jednak ty powinieneś iść mniej uczęszczaną drogą – drogą zależności ode Mnie. Prawdziwa pewność rodzi się z przekonania, że w Mojej Obecności znajdujesz swoją pełnię. Wszystko, czego potrzebujesz, ma swój odpowiednik we Mnie.

J 15,5; Jk 1,4

27 PAŹDZIERNIKA

W MIARĘ JAK STAJESZ SIĘ coraz bardziej świadomy Mojej Obecności, łatwiej jest ci zdecydować, którą drogą powinieneś pójść. Jest to jedna z praktycznych korzyści życia w bliskości ze Mną. Zamiast zastanawiać się, co cię czeka, lub z niepokojem myśleć o tym, jak powinieneś się zachować, jeśli lub kiedy coś się wydarzy, możesz skupić się na pozostawaniu w nieustannym kontakcie ze Mną. Gdy staniesz na rozwidleniu dróg, pokażę ci, którą ścieżkę powinieneś wybrać.

Ludzie są często tak zajęci planowaniem przyszłości i zastanawianiem się, jakie decyzje będą musieli podjąć, że nie zauważają wyborów, których muszą dokonać dzisiaj. Działają automatycznie, bez zastanowienia, a w ich życie wkrada się monotonia. Poruszają się jak we śnie, podążając wydeptanymi ścieżkami rutyny.

Ja, Stwórca wszechświata, jestem najbardziej twórczą Istotą, jaką można sobie wyobrazić. Nie pozwolę ci krążyć utartymi ścieżkami. Poprowadzę cię nowymi szlakami przygody, pokazując ci rzeczy, o których nie miałeś pojęcia. Bądź ze Mną w kontakcie. Pozwól, aby Moja Obecność wskazywała ci kierunek.

Ps 32,8; Rdz 1,1

28 PAŹDZIERNIKA

NIE SPODZIEWAJ SIĘ, że w tym życiu będziesz traktowany sprawiedliwie. Ludzie będą mówić i robić rzeczy, które ranią – rzeczy, na które nie zasługujesz. Gdy ktoś źle cię traktuje, staraj się postrzegać to jako okazję do wzrastania w łasce. Przekonaj się, jak szybko zdołasz wybaczyć osobie, która cię zraniła. Nie zajmuj się wyjaśnianiem całej sprawy. Zamiast popadać w obsesje na punkcie tego, co o tobie myślą inni, skup się na Mnie. Ostatecznie tylko M ó j osąd ma znaczenie.

Gdy starasz się do Mnie zbliżyć, pamiętaj o tym, że okryłem cię płaszczem sprawiedliwości i świętości. Widzę cię odzianego w te świetliste szaty, za które zapłaciłem własną krwią. W tym także nie ma sprawiedliwości; ta szata to bezinteresowny dar. Gdy inni traktują się w sposób, na który nie zasłużyłeś, pamiętaj, że Ja obchodzę się z tobą tak uczciwie, jak to tylko możliwe. Moje narzędzia to Pokój i *Miłość, którą wlałem w twoje serce przez Mojego Ducha.*

KOL 3,13; IZ 61,10; EF 1,7–8; RZ 5,5

29 PAŹDZIERNIKA

POBĄDŹ ZE MNĄ TROCHĘ DŁUŻEJ. Zapanuj nad swoją chęcią rzucenia się w wir dzisiejszych zajęć. Poranne spotkanie ze Mną jest niezbędne, jeśli dzień ma być udany. Dobry sportowiec, zanim podejmie jakikolwiek wysiłek fizyczny, najpierw poświęca trochę czasu na psychiczne przygotowanie się do czekającego go wyzwania. Ty postępujesz podobnie, gdy trwasz spokojnie w Mojej Obecności, która daje ci wszystko, czego możesz potrzebować w ciągu dnia. Tylko Ja wiem, co się dziś stanie. Przygotowuję wszystkie wydarzenia w twoim życiu. Jeżeli nie jesteś odpowiednio przygotowany do podróży, *zabraknie ci sił i upadniesz na duchu*. Odpręż się przy Mnie, a Ja dam ci wszystko, czego potrzebujesz, aby ruszyć w drogę.

EF 2,10; HBR 12,3[*]

---

[*] Biblia Warszawsko-Praska, wyd. cyt.

30 PAŹDZIERNIKA

JESTEM Z TOBĄ. *Jestem z tobą. Jestem z tobą.* Nie ma chwili, w której dzwony niebios nie rozbrzmiewałyby tą obietnicą. Niektórzy ludzie nigdy nie słyszą ich bicia, ponieważ myślą o przyziemnych sprawach i nie pozwalają Mi zagościć w swoich sercach. Inni słyszą ten dźwięk tylko raz lub dwa razy w życiu, kiedy zdarzy się, że jestem dla nich ważniejszy niż cokolwiek innego. Pragnę, aby Moje owce słyszały Mój głos nieustannie, gdyż jestem *Pasterzem, który nigdy nie opuszcza swojego stada.*

Cisza to sala lekcyjna, w której uczysz się słuchać Mojego głosu. Początkujący uczniowie potrzebują cichego miejsca, aby uspokoić swoje myśli. W miarę jak nabierasz wprawy, uczysz się zabierać ze sobą spokój wszędzie, gdzie pójdziesz. Gdy ponownie włączysz się w nurt życia, wytężaj słuch, aby posłyszeć bicie Moich cudownych dzwonów: *Jestem z tobą. Jestem z tobą. Jestem z tobą.*

JR 29,12-13; J 10,14 I 27-28

31 PAŹDZIERNIKA

Naucz się słuchać mnie nawet wtedy, gdy słuchasz innych. Kiedy ludzie otwierają przed tobą swoją duszę, *stoisz na ziemi świętej*. Aby odpowiednio zareagować, potrzebujesz pomocy Mojego Ducha. Poproś Go, aby myślał przez ciebie, żył przez ciebie i kochał przez ciebie. Ja sam jestem w tobie żywo obecny w Osobie Ducha Świętego. Gdy odpowiadasz na potrzeby innych, zdając się na własny umysł, dajesz im tylko suche okruchy. Jeśli zaś mówisz i słuchasz poprzez Mojego Ducha, *strumienie wody żywej płyną z twojego wnętrza* i napełniają potrzebujących. Słuchając innych, słuchaj Mnie, a będą przepływać przez ciebie Moja Miłość, Radość i Pokój.

Wj 3,5; 1 Kor 6,19; J 7,38–39

Listopad

A Bóg mój według swego bogactwa zaspokoi wspaniale w Chrystusie Jezusie każdą waszą potrzebę.

Flp 4,19

I LISTOPADA

NIE ZNIECHĘCAJ SIĘ tym, że trudno jest ci nieustannie skupiać na Mnie uwagę. Wiem, że gorąco pragniesz cały czas pamiętać o Mojej Obecności. To wzniosły cel; dążysz do niego, ale w tym życiu nigdy go nie osiągniesz. Nie pozwól, aby poczucie porażki odbierało ci siły. Lepiej staraj się patrzeć na siebie Moimi oczyma. Przede wszystkim raduje Mnie, że tak gorąco pragniesz iść ze Mną przez życie. Cieszę się, ilekroć zaczynasz rozmowę z Mną. Poza tym zauważam postęp, jaki poczyniłeś od czasu, gdy postanowiłeś żyć w Mojej Obecności.

Nie niepokój się i nie bądź zaskoczony, jeśli nagle zdasz sobie sprawę, że błądzisz gdzieś myślami. Żyjesz w świecie opanowanym przez siły dążące do tego, aby cię rozpraszać. Ilekroć pokonujesz przeszkodę utrudniającą rozmowę ze Mną, odnosisz zwycięstwo. Ciesz się tymi drobnymi triumfami, a ich blask będzie coraz bardziej rozświetlać twoje dni.

Rz 8,33–34; Hbr 4,14–16

2 LISTOPADA

NABIERAJ SIŁ w Świetle Mojej Obecności. Twoja wątłość Mnie nie odpycha. Wręcz przeciwnie – słabość przyciąga Moją Moc, zawsze gotową wypełnić uległe serce. Nie potępiaj się za to, że ciągle potrzebujesz pomocy. Przyjdź do Mnie, zupełnie bezradny, a wypełni cię Światło Mojej Miłości.

Uległe serce nie pojękuje i nie wszczyna buntu, gdy zaczynają się problemy, lecz zdobywa się na odwagę, aby Mi podziękować. Podporządkowanie się Mojej woli jest ostatecznie aktem zaufania. *W ciszy i ufności leży twoja siła.*

Ps 116,5–7; Ef 5,20; Iz 30,15

3 LISTOPADA

Ilekroć coś pokrzyżuje twoje plany lub udaremni spełnienie pragnień, traktuj to jako przypomnienie, że powinieneś ze Mną rozmawiać. Taki sposób patrzenia na przeciwności ma kilka zalet. Po pierwsze – co oczywiste – rozmawiając ze Mną, doświadczasz błogosławieństwa i wzmacniasz naszą relację. Po drugie, rozczarowania zostają przekute w życiowe szanse i nie ściągają cię w dół. Tym sposobem problemy tracą siłę rażenia, a ty możesz się uśmiechać nawet w obliczu trudności.

Wykształcaj w sobie ten nawyk, zaczynając od mierzenia się z drobnymi rozczarowaniami życia codziennego. Często to właśnie te niewiele znaczące niepowodzenia oddalają cię od Mojej Obecności. Postrzegając je jako szanse, odkrywasz, że zyskujesz więcej, niż tracisz. Musisz dużo ćwiczyć, zanim nauczysz się traktować w ten sposób poważne rozczarowania. Jednak można nauczyć się patrzeć na świat oczyma apostoła Pawła, który napisał: *wszystko uznaję za szkodę wobec doniosłości, jaką ma poznanie Jezusa Chrystusa, Pana mego, dla którego poniosłem wszelkie szkody i wszystko uznaję za śmiecie.*

Kol 4,2; Flp 3,7–8*

---

* Biblia Warszawska, wyd. cyt.

4 LISTOPADA

WĘDRUJ ZE MNĄ SPOKOJNIE przez ten dzień. Zastanawiasz się, jak poradzisz sobie z tym, co cię czeka. Musisz przemierzyć ten dzień jak każdy inny – krok za krokiem. Zamiast rozgrywać w myślach przyszłe sytuacje, koncentruj się na Mojej Obecności i zadaniu, które masz przed sobą. Im więcej trudności przyniesie dzień, tym bardziej możesz liczyć na Moją pomoc. Będzie to dla ciebie nauką, stworzyłem cię bowiem w taki sposób, abyś w pełni zdawał się na swojego Pasterza i Króla. Trudne chwile budzą cię ze snu i sprawiają, że stajesz się bardziej świadomy tego, jak bardzo Mnie potrzebujesz.

Gdy nie wiesz, co robić, poczekaj, aż odsłonię przed tobą twoją drogę. Ufaj, że wiem, co robię, i bądź gotowy za Mną podążyć. *Dam ci siłę i pobłogosławię cię Pokojem.*

Wj 33,14; Pwt 33,25; Hbr 13,20–21; Ps 29,11*

---

* Tamże.

5 LISTOPADA

MOŻESZ ŻYĆ TAK BLISKO MNIE, jak tylko chcesz. Nie wznoszę murów między nami; nie burzę też tych, które sam wznosisz.

Ludzie często myślą, że jakość ich życia zależy od tego, co ich spotyka. Poświęcają więc mnóstwo energii na próby kontrolowania wydarzeń. Są szczęśliwi, gdy wszystko układa się po ich myśli, i smutni lub sfrustrowani, kiedy coś nie idzie tak, jak się spodziewali. Rzadko kwestionują zależność między okolicznościami a swoim samopoczuciem. Jednak można *godzić się ze wszystkim w życiu*.

Wkładaj więcej energii w to, aby Mi ufać i cieszyć się Moją Obecnością. Nie pozwól, aby twoje samopoczucie było zależne od tego, co ci się przydarza. Lepiej czerp radość z Moich cennych obietnic:

Ja jestem z tobą i będę cię strzegł, gdziekolwiek się udasz.
Zaspokoję każdą twoją potrzebę według swego bogactwa.
Nic nie zdoła cię odłączyć od Mojej Miłości.

FLP 4,12*; RDZ 28,15; FLP 4,19; RZ 8,38–39

---

* Biblia Warszawsko-Praska, wyd. cyt.

6 LISTOPADA

STARAJ SIĘ PRZEDE WSZYSTKIM MNIE ZADOWOLIĆ. Przemierzając dzisiejszy dzień, będziesz musiał dokonać wielu wyborów. Większość z nich będzie dotyczyć mało istotnych spraw i będzie wymagać szybkiej reakcji. Potrzebujesz pewnej praktycznej wskazówki, która pozwoli ci obierać właściwą drogę. Dla wielu ludzi podejmowane decyzje są wypadkową typowych reakcji i chęci zadowolenia siebie lub innych. W twoim przypadku powinno być inaczej. Staraj się sprawiać Mi przyjemność każdym swoim wyborem, nie tylko decyzjami w sprawach ważnych. Będzie to możliwe, tylko jeśli będziesz żył w bliskiej duchowej łączności ze Mną. Jeśli twoją największą radością jest Moja Obecność, niemal instynktownie wyczuwasz, co sprawi Mi radość. Wystarczy, że spojrzysz na Mnie w przelocie, a będziesz wiedział, jaka decyzja będzie właściwa. *Raduj się we Mnie* coraz bardziej; staraj się sprawiać Mi przyjemność wszystkim, co robisz.

J 8,29; HBR 11,5–6; PS 37,4

7 LISTOPADA

Oddawaj mi cześć w pięknie świętości. Całe prawdziwe piękno świata odzwierciedla część tego, Kim jestem. Kształtuję cię na Mój sposób – jestem Boskim Artystą, który upiększa twoje wnętrze. Moim głównym zadaniem jest uprzątnięcie nieporządku i zanieczyszczeń, tak aby Mój Duch mógł wziąć cię całego w posiadanie. Współdziałaj ze Mną w tej pracy, okazując swoją gotowość do rezygnacji ze wszystkiego, co postanowię ci odebrać. Wiem, czego potrzebujesz, i obiecałem, że hojnie cię tym obdaruję.

Nie możesz opierać swojego poczucia bezpieczeństwa na dobrach materialnych ani pomyślnym przebiegu zdarzeń. Uczę cię polegać wyłącznie na Mnie i znajdować spełnienie w Mojej Obecności. Aby osiągnąć ten stan, musisz zadowalać się zarówno tym, co duże, jak i tym, co małe, traktując i j e d n o, i d r u g i e jako przejaw Mojej woli. Przestajesz zagarniać i kontrolować, a uczysz się otwierać zaciśnięte dłonie i przyjmować. Zachowuj tę otwartą postawę przez okazywanie Mi zaufania w każdej sytuacji.

Ps 29,2*; Ps 27,4

---

* Biblia Gdańska, wyd. cyt.

8 LISTOPADA

NAUCZ SIĘ DOCENIAĆ niełatwe dni. Niech trudności, które napotykasz na drodze, pobudzają cię do działania. Gdy pokonujesz wraz ze Mną wertepy, czerp pewność ze świadomości, że razem poradzimy sobie ze wszystkim. Na tę świadomość składają się trzy elementy: twoja relacja ze Mną, obietnice zawarte w Biblii oraz twoje dotychczasowe doświadczenia związane z przezwyciężaniem trudności.

Spójrz wstecz na swoje życie i uświadom sobie, że zawsze pomagałem ci w trudnych sytuacjach. Jeśli czujesz pokusę, aby myśleć: "Tak, ale kiedyś to kiedyś, a dzisiaj to dzisiaj", przypomnij sobie, Kim jestem! Twoja sytuacja życiowa może się całkowicie zmienić, a ty możesz się stać zupełnie innym człowiekiem, ale Ja *będę ten sam* po kres czasu i przez całą wieczność. Oto, skąd powinna płynąć twoja pewność. W Mojej Obecności *żyjesz, poruszasz się i jesteś*.

Iz 41,10; Ps 102,27; Dz 17,28

9 LISTOPADA

Posiedź ze mną w milczeniu, pozwalając wszystkim lękom i zmartwieniom wypłynąć na powierzchnię świadomości. W Moim Świetle pęcherzyki trosk rozpryskują się. Jednak niektóre lęki wypływają wciąż na nowo, zwłaszcza strach przed przyszłością. Często zaglądasz myślą w kolejny dzień, tydzień, miesiąc, rok lub dziesięciolecie i wyobrażasz sobie, jak ponosisz porażki. To, co widzisz, to fałszywe obrazy, ponieważ nie ma w nich Mnie. Te ponure dni nigdy nie staną się rzeczywistością, gdyż n i g d y cię nie opuszczę.

Gdy troska o przyszłość przypuszcza szturm, pochwyć ją i rozbrój, opromieniając ów mentalny obraz Światłem Mojej Obecności. Powiedz sobie: „Jezus będzie wtedy ze mną. Z Jego pomocą dam sobie radę!". Potem wróć do domu – do bieżącej chwili, w której możesz się cieszyć Pokojem w Mojej Obecności.

Łk 12,22–26; Pwt 31,6; 2 Kor 10,5

10 LISTOPADA

SKUP SIĘ CAŁYM SOBĄ na Mojej żywej Obecności. Możesz być pewien, że jestem z tobą w każdej chwili i otaczam cię swoją Miłością i Pokojem. Gdy odpoczywasz w Mojej Obecności, kształtuję twój umysł i oczyszczam serce. Czynię cię na powrót takim, jakim stwarzając cię, chciałem, byś był.

Nie odwracaj ode Mnie wzroku, gdy zabierasz się za swoje codzienne zajęcia. Jeśli coś cię martwi, pomów ze Mną o tym. Jeśli poczujesz się znudzony wykonywaną czynnością, wypełnij czas modlitwami i wychwalaniem Mnie. Jeśli ktoś cię zirytuje, nie skupiaj się na winie tej osoby, lecz łagodnie skieruj swoje myśli ku Mnie. Każdy moment jest cenny, gdy koncentrujesz się na Mnie. Dobry może być każdy dzień, bo Moja Obecność przenika każdą godzinę.

Ps 89,16–17; 1 J 3,19–20; Jud 24–25; Ps 41,13

11 LISTOPADA

NIE POZWÓL, aby jakakolwiek sytuacja przyprawiła cię o drżenie serca. Im trudniejsze wyzwania przed tobą stoją, tym więcej Mocy ci udzielam. Wydaje ci się, że każdego dnia dostajesz ode Mnie tyle samo sił, ale to nieprawda. Gdy wstajesz rano z łóżka, często oceniasz czekające cię problemy przez pryzmat tego, na co zwykle cię stać. Te kalkulacje nie mają nic wspólnego z rzeczywistością.

Wiem, co przyniesie dzień, i daję ci dość sił, abyś mógł sobie ze wszystkim poradzić. Siła, którą ode Mnie otrzymujesz, zależy od dwóch zmiennych: trudności stojących przed tobą zadań i twojej gotowości do polegania na Moim wsparciu. Postaraj się postrzegać wyzwania jako okazje do tego, aby otrzymać jeszcze więcej Mojej Mocy niż zwykle. Zwracaj się do Mnie o pomoc i czekaj na to, co zrobię. *Póki będą trwać dni twoje, słynąć będzie moc twoja.*

EF 1,18–20; PS 105,4; PWT 33,25*

---

* Biblia Gdańska, wyd. cyt.

12 LISTOPADA

W TWOIM ŻYCIU NASTAŁ CZAS OBFITOŚCI. *Twój kielich jest wypełniony po brzegi* błogosławieństwami. Przez wiele tygodni z mozołem szedłeś pod górę, a teraz wędrujesz przez bujne łąki skąpane w ciepłym blasku słońca. Chcę, abyś nacieszył się tym czasem beztroski i odpoczynku. Raduję się, mogąc ci go ofiarować.

Bywa, że Moje dzieci nie są pewne tego, czy powinny przyjmować Moje błogosławieństwa z otwartymi rękoma. W ich serca wkrada się fałszywe poczucie winy, które mówi im, że nie zasługują na tak hojne dary. To niedorzeczne wyrzuty, nikt bowiem nie zasługuje na nic, co Mu daję. W Moim królestwie nie chodzi o to, aby na coś zapracowywać czy zasługiwać, lecz o to, aby wierzyć i przyjmować.

Boleję, gdy któreś z Moich dzieci odrzuca Moje dary. Jeśli zaś przyjmujesz Moje obfite błogosławieństwa z wdzięcznym sercem, ogrania Mnie radość. Moje i twoje zadowolenie łączą się wtedy w radosnej harmonii.

Ps 23,5*; J 3,16; Łk 11,9–10; Rz 8,32

---

* Biblia Warszawsko-Praska, wyd. cyt.

13 LISTOPADA

JAM JEST *Chrystus w tobie, nadzieja Chwały.* Ten, który przy tobie idzie, trzymając cię za rękę, jest jednocześnie Tym, który w tobie żyje. To głęboka, niepojęta tajemnica. Ty i Ja jesteśmy ściśle związani, trwając w bliskości, która przenika każdy zakamarek twojego jestestwa. Moje Światło opromienia cię zarówno z zewnątrz, jak i od wewnątrz. Ja jestem w tobie, a ty jesteś we Mnie i dlatego żadna siła w niebie ani na ziemi nie może cię ode Mnie oddzielić!

Gdy trwasz w ciszy w Mojej Obecności, stajesz się bardziej świadomy Mojego Życia w tobie, co wzbudza *wesele Pańskie, które jest twoją siłą. Ja, Bóg nadziei, napełniam cię wszelką Radością i Pokojem w wierze, abyś obfitował w nadzieję przez Moc Ducha Świętego.*

Kol 1,27*; Iz 42,6; Ne 8,10; Rz 15,13**

---

* Biblia Warszawska, wyd. cyt.

** Tamże.

14 LISTOPADA

Rozkoszuj się luksusem, którym jest świadomość, że jesteś w pełni rozumiany i bezwarunkowo kochany. Miej śmiałość patrzeć na siebie Moimi oczyma i dostrzegać w sobie kogoś, kto został obmyty Bożą krwią i idzie przez życie w świetlistym płaszczu sprawiedliwości. Widzę cię takim, jakim chciałem, byś był, kiedy cię stwarzałem; widzę w tobie człowieka, którym będziesz, gdy twoim domem stanie się niebo. Tym, co zmienia cię *z chwały w chwałę*, jest Moje Życie w tobie. Raduj się tym tajemniczym cudem! Dziękuj Mi nieustannie za zdumiewający dar Mojego Ducha, który w tobie żyje.

Staraj się polegać na pomocy Ducha, wędrując przez dzisiejszy dzień. Zatrzymuj się czasem na chwilę, aby się Go poradzić. Duch Święty nie będzie cię zmuszał do wykonywania swoich poleceń, ale odpowiednio tobą pokieruje, gdy dasz Mu pole do działania. Krocz cudowną drogą współpracy z Moim Duchem.

Ps 34,6; 2 Kor 5,21; 2 Kor 3,18[*]; Ga 5,25

---

[*] Biblia Warszawska, wyd. cyt.

15 LISTOPADA

Podchodź do problemów z lekkim sercem. Gdy twoje myśli biegną ku trudnym sprawom, często koncentrujesz się na nich tak bardzo, że tracisz Mnie z pola widzenia. Stajesz do walki z problemem, jakbyś musiał go natychmiast pokonać. Twój umysł przygotowuje się do starcia, a twoje ciało staje się spięte i niespokojne. Czujesz się pokonany, jeśli nie osiągniesz pełnego zwycięstwa.

Ale istnieje lepsze wyjście. Gdy jakaś troska zaczyna kłaść się cieniem na twoim umyśle, przyjdź z nią do Mnie. Opowiedz Mi o niej i spójrz na nią w Świetle Mojej Obecności. Nabierzesz dystansu do dręczącego cię problemu, spoglądając nań z Mojej perspektywy. Rezultaty cię zaskoczą. Być może będziesz nawet śmiał się z samego siebie, dostrzegając, jak poważnie traktowałeś zwykłą błahostkę.

Na świecie doznasz ucisku. Jednak, co ważniejsze, będziesz miał Mnie u swojego boku, a Ja pomogę ci poradzić sobie ze wszystkim, co napotkasz na swojej drodze. Podchodź do problemów z lekkim sercem, patrząc na nie przez pryzmat Mojego Światła, które pozwala widzieć rzeczy takimi, jakimi są naprawdę.

Ps 89,16; J 16,33

16 LISTOPADA

Gdy wpatrujesz się w krajobraz nadchodzącego dnia, widzisz wijący się szlak, od którego odchodzi wiele ścieżek prowadzących w różnych kierunkach. Zastanawiasz się, jak w tej gmatwaninie znajdziesz właściwą drogę. Ale potem przywołujesz w myślach Tego, który *jest z tobą zawsze i trzyma cię za prawicę*. Przypominasz sobie, iż obiecałem ci, że będę *prowadził cię według Mojej rady*, i zaczynasz się odprężać. Gdy ponownie spoglądasz na ścieżkę, zauważasz, że spowija ją kojąca mgła, która ogranicza widoczność. Widzisz tylko krótki odcinek drogi przed sobą, dzięki czemu bardziej koncentrujesz się na Mnie i zaczynasz się cieszyć Moją Obecnością.

Mgła to forma ochrony, która sprawia, że wracasz myślami do bieżącej chwili. Choć jestem obecny w każdym czasie i w każdym miejscu, możesz się ze Mną porozumiewać tylko tu i teraz. Któregoś dnia mgła przestanie być konieczna, bo nauczysz się koncentrować się wyłącznie na Mnie i na drodze tuż przed sobą.

Ps 73,23–24; 1 Kor 13,12

17 LISTOPADA

NIE MA JUŻ POTĘPIENIA dla tych, którzy są we Mnie. *Prawo Ducha, który daje Życie, wyzwoliło cię spod prawa grzechu i śmierci.* Niewielu chrześcijan wie, jak żyć w tej wielkiej wolności, którą otrzymali przy narodzinach. Umarłem, aby cię wyswobodzić; żyj we Mnie wolny!

Aby kroczyć ścieżką wolności, musisz nieustannie się na Mnie skupiać. Wiele głosów twierdzi: „To jest ścieżka, którą powinieneś pójść", ale tylko Mój głos wskazuje tę właściwą. Jeśli wybierzesz ścieżkę świata, która kusi blaskiem i bogactwem, będziesz coraz głębiej pogrążał się w otchłani. Chrześcijańskie głosy także mogą sprowadzić cię na manowce: „Rób to!", „Nie rób tego!", „Módl się w ten sposób!", „Nie módl się w ten sposób!". Jeśli postanowisz słuchać ich wszystkich, będziesz coraz bardziej zdezorientowany.

Czerp radość z bycia prostą owieczką, która słucha Mojego głosu i za Mną podąża. *Prowadzę cię na zielone niwy, na których możesz odpocząć, i wiodę ścieżkami sprawiedliwości.*

Rz 8,1–2; Iz 30,21; J 10,27; Ps 23,1–3[*]

---

[*] Biblia Warszawska, wyd. cyt.

18 LISTOPADA

Przyjdź do mnie i odpocznij w Moim Pokoju. Moje Oblicze roztacza nad tobą blask *Pokoju przewyższającego wszelki umysł*. Zamiast samodzielnie szukać odpowiedzi na swoje pytania, możesz odpocząć w Obecności Tego, który wie wszystko. Gdy opierasz się na Mnie z ufnością, czujesz się spokojny i spełniony. Głęboka duchowa bliskość ze Mną to nieodłączny element sposobu życia, do jakiego cię stworzyłem.

Gdy przebywasz wśród ludzi, starasz się sprostać ich wymaganiom – czy to prawdziwym, czy wyimaginowanym. Czujesz się niewolnikiem ich zadowolenia, a twoja świadomość Mojej Obecności przygasa. Te starania o aprobatę innych w końcu pozbawią cię sił. Zamiast płynącej w tobie *żywej wody* Mojego Ducha, dajesz ludziom jedynie okruchy. Nie tego od ciebie chcę! Bądź ze Mną w kontakcie nawet wtedy, gdy jesteś bardzo zajęty. Żyj w Świetle Mojego Pokoju. Niech Mój Duch wkłada w twoje usta słowa łaski.

Flp 4,6–7; J 7,38; Ef 5,18–20

19 LISTOPADA

Rezultaty swoich starań pozostaw mnie. Idź tam, gdzie cię poprowadzę, nie martwiąc się o to, co z tego wyniknie. Traktuj swoje życie jak przygodę, a Mnie – jak swojego Przewodnika i Towarzysza. Żyj w teraźniejszości, skupiając się na tym, aby dotrzymywać Mi kroku. Gdy twoja ścieżka wiedzie na klif, bądź gotowy wspiąć się na niego z moją pomocą. Gdy dotrzemy do miejsca odpoczynku, pokrzepiaj się w Mojej Obecności. Ciesz się rytmem życia blisko Mnie.

Już teraz znasz ostateczny cel swojej podróży, którym jest brama niebios. A zatem koncentruj się na drodze tuż przed sobą, resztę zostawiając Mnie.

Ps 27,13–14; Wj 15,13

20 LISTOPADA

JESTEM CI RAD, MOJE DZIECKO. Bądź w pełni świadom opromieniającej cię Mojej Radości. Nie musisz osiągać dobrych wyników, abym cię kochał. Koncentracja na wynikach tak naprawdę oddala cię ode Mnie i przemienia w faryzeusza. Takie podejście można też uznać za pewną formę bałwochwalstwa – wszak wielbisz własne dobre uczynki. Jeśli twoje działania nie spełnią twoich oczekiwań, będzie to dla ciebie źródłem rozczarowań.

Przestań koncentrować się na swoich uczynkach i skup się na Mojej świetlistej Obecności. Moja Miłość opromienia cię nieustannie, bez względu na twoje uczucia i zachowanie. Zadanie, które przed tobą postawiłem, polega na tym, aby tę bezwarunkową Miłość przyjmować. Wdzięczność i zaufanie są niczym ręce wyciągnięte po dar Miłości. Dziękuj Mi za wszystko, *ufaj Mi w każdym położeniu*. Te proste nawyki sprawią, że będziesz nieustannie otwarty na Moją kochającą Obecność.

EF 2,8–9; EF 3,16–19; Ps 62,9

21 LISTOPADA

Dziękuj mi przez cały dzisiejszy dzień za Moją Obecność i Pokój. Są to dary nie z tej ziemi. Od momentu zmartwychwstania pocieszałem Moich naśladowców słowami: *Pokój wam* oraz *Jestem z wami przez wszystkie dni*. Słuchaj, gdy oferuję ci Mój Pokój i Moją Obecność, bez żadnych ograniczeń. Jeśli chcesz otrzymać te wspaniałe dary, po prostu Mi za nie podziękuj.

Nie sposób nadto być Mi wdzięcznym i nadto wychwalać. Stworzyłem cię przede wszystkim po to, abyś Mnie czcił. Dziękczynienie i pochwały sprawiają, że nawiązujesz ze Mną właściwą relację, i otwierają śluzę, którą spływają na ciebie Moje bogactwa. Gdy dziękujesz Mi za Moją Obecność i Pokój, bierzesz sobie Moje najhojniejsze dary.

Łk 24,36; Mt 28,20; Hbr 13,15

22 LISTOPADA

WDZIĘCZNOŚĆ otwiera okna niebios. Przez te okna wieczności docierają do ciebie duchowe błogosławieństwa. Gdy spoglądasz w górę z wdzięcznym sercem, widzisz Chwałę niebieską. Nie możesz jeszcze żyć w niebie, ale już możesz doświadczyć jego zapowiedzi. Ten przedsmak niebiańskiej strawy ożywia w tobie nadzieję. Wdzięczność otwiera cię na te doświadczenia, a ty zyskujesz kolejne powody, aby Mi dziękować. Tym sposobem twoja ścieżka staje się wznoszącą spiralą radości.

Wdzięczność nie jest żadną magiczną receptą; to język Miłości, który pozwala ci porozumiewać się ze Mną na głębokim poziomie. Wdzięczny umysł nie oznacza negowania rzeczywistości i jej rozlicznych problemów. Wdzięczny umysł *weseli się we Mnie, Zbawicielu*, w obliczu prób i trosk. *Jestem twoją ucieczką i siłą, pomocą w utrapieniach najpewniejszą.*

HA 3,17–18; Ps 46,2*

---

* Biblia Warszawska, wyd. cyt.

23 LISTOPADA

Trwaj w ciszy w mojej obecności, a Ja będę napełniał twoje serce i umysł wdzięcznością. To najlepsza recepta na to, by poczuć wdzięczność. Jeżeli twój umysł potrzebuje punktu zaczepienia, myśl o Mojej Miłości wylanej za ciebie na krzyżu. Pamiętaj, że *nic w niebie i na ziemi nie zdoła cię odłączyć od Mojej Miłości*. Ta świadomość buduje w tobie fundament zaufania, który nie zachwieje się w żadnych okolicznościach.

Przemierzając dzisiejszy dzień, szukaj drobnych skarbów ukrytych w strategicznych punktach wzdłuż ścieżki. Idę przed tobą i sieję na twojej drodze drobne przyjemności, które mają umilać ci dzień. Szukaj ich uważnie i zbieraj jak kwiaty. Wieczorem będziesz miał śliczny bukiet. Ofiaruj Mi go z wdzięcznym sercem. Kładąc się do łóżka, przyjmij Mój Pokój, a wdzięczne myśli ukołyszą cię do snu.

Rz 8,38–39; Ps 4,8–9

24 LISTOPADA

WDZIĘCZNOŚĆ sprawia, że przeciwności tracą siłę rażenia. Dlatego właśnie poleciłem ci, abyś *dziękował Mi za wszystko*. Ta transakcja zawiera w sobie element tajemnicy: ty składasz Mi podziękowania (niezależnie od swoich uczuć), a Ja daję ci Radość (niezależnie od tego, co cię spotyka). Jest to duchowy akt posłuszeństwa – czasem ślepego posłuszeństwa. Ludzie, którzy Mnie nie znają, mogą myśleć, że dziękowanie Mi za rozdzierające serce doświadczenia jest czymś irracjonalnym, a nawet niewykonalnym. Niemniej jednak wszyscy, którzy są Mi posłuszni w tym względzie, nieustannie czują na sobie Moje błogosławieństwo – mimo trudności.

Wdzięczność otwiera twoje serce na Moją Obecność, a twój umysł na Moje myśli. Możesz być dalej w tym samym miejscu i w tej samej sytuacji, ale masz wrażenie, jakby ktoś zapalił światło, dzięki czemu możesz patrzeć na wszystko z Mojej perspektywy. Oto właśnie potęga *Światła Mojego Oblicza*, światła, które sprawia, że przeciwności tracą siłę rażenia.

EF 5,20; Ps 118,1; Ps 89,16

25 LISTOPADA

Dziękuj mi wielokrotnie, przemierzając dzisiejszy dzień. W ten sposób możesz *nieustannie się modlić*, jak nakazywał apostoł Paweł. Jeżeli naprawdę chcesz posiąść sztukę nieustannej modlitwy, zacznij dziękować Mi w każdej sytuacji. Modły dziękczynne to solidny fundament, na którym możesz wznosić inne modlitwy. Poza tym wdzięczność ułatwia ci rozmowę ze Mną.

Gdy twój umysł jest zajęty dziękczynieniem, nie masz czasu na zmartwienia i narzekanie. Jeśli będziesz konsekwentnie ćwiczył się we wdzięczności, zaczniesz przełamywać negatywne schematy myślowe. *Przystąp do Mnie bliżej* z wdzięcznym sercem, a Moja Obecność *udzieli ci Radości i Pokoju*.

1 Tes 5,16–18; Jk 4,8; Rz 15,13

26 LISTOPADA

Oto dzień, który ja uczyniłem! Jeśli będziesz się nim radował, otrzymasz cenne dary i nauczysz się przydatnych rzeczy. Wędruj ze Mną drogą dziękczynienia, a odnajdziesz wszystkie radości, które dla ciebie przygotowałem.

Jeśli chcesz chronić swoją wdzięczność, musisz pamiętać, że żyjesz w zepsutym świecie, gdzie błogosławieństwa i smutki nieustannie się mieszają. Ciągłe skupienie na przeciwnościach doprowadza wielu chrześcijan do upadku. Wędrują przez dzień pełen piękna i blasku, a widzą tylko szarość swoich myśli. Zaniedbując zwyczaj dziękczynienia, tracą jasność umysłu. Jakże drogie są Mi te spośród Moich dzieci, które pamiętają o tym, aby dziękować Mi w każdej sytuacji. Ci mogą przeprawiać się przez najmroczniejsze dni z Radością w sercu, gdyż wiedzą, że opromienia je Światło Mojej Obecności. *Raduj się z tego dnia, który uczyniłem*, masz bowiem we Mnie niezawodnego Towarzysza.

Ps 118,24; Ps 116,17

27 LISTOPADA

NIECH WDZIĘCZNOŚĆ obejmie rządy nad twoim sercem. Gdy dziękujesz Mi za błogosławieństwa, dzieje się cudowna rzecz. *Z twoich oczu spadają łuski*, a ty widzisz jeszcze więcej Moich cudownych bogactw i możesz brać z Mojego skarbca wszystko, czego potrzebujesz. Niech twoja wdzięczność śpiewa pieśni wychwalające Moje Imię, ilekroć otrzymujesz jeden z Moich złocistych darów. Ciągłe „Alleluja" to język nieba, który może się stać językiem twojego serca.

Życie pełne wychwalania i wdzięczności staje się życiem pełnym cudów. Zamiast starać się kontrolować sytuację, koncentrujesz się na Moich działaniach. Całe twoje istnienie skupia się we Mnie – i na tym właśnie polega potęga wychwalania. Do takiego życia cię powołałem, gdyż stworzyłem cię na swój obraz. Ciesz się obfitym życiem, wychwalając Mnie i dziękując Mi.

Kol 3,15; Dz 9,18; Ap 19,3–6; Ps 100,4–5

28 LISTOPADA

ODPOCZNIJ, MAJĄC GŁĘBOKĄ PEWNOŚĆ, że kocham cię niesłabnącą Miłością. Niech twoje ciało, umysł i duch odpoczną w Mojej Obecności. Złóż wszystkie problemy w Moje ręce, tak abyś mógł skupiać się tylko na Mnie. Niech ogrom Mojej Miłości wzbudzi w tobie zdumienie – jest ona *szersza, dłuższa, wyższa i głębsza* niż wszystko, co w życiu widziałeś. Ciesz się tym wspaniałym uczuciem, które jest twoje na wieki.

Najlepszą odpowiedzią na ten cudowny dar jest życie pełne wdzięczności. Ilekroć Mi dziękujesz, przyznajesz, że jestem twoim Panem i Żywicielem. Oto właściwa postawa dziecka Bożego – przyjmowanie z dziękczynieniem. Złóż Mi ofiarę dziękczynną i przekonaj się, jak hojnie obsypię cię błogosławieństwami.

1 P 5,7; Ef 3,16–19; Ps 107,21–22

29 LISTOPADA

NIECH MÓJ POKÓJ przeniknie najgłębsze zakamarki twojej istoty. Czujesz, jak cię przepełnia, gdy trwasz w ciszy w Świetle Mojej Obecności. To nie kwestia dyscypliny i silnej woli, lecz otwarcia się na Moje błogosławieństwa.

W dzisiejszej epoce, epoce niezależności, ludziom nie jest łatwo przyznać się do tego, że są w potrzebie. Tymczasem Ja prowadzę cię ścieżką, która uwydatnia twoją potrzebę Bożej pomocy – stawiam cię w sytuacjach, w których twoje mocne strony są nieistotne, a twoja słabość staje się zupełnie oczywista. Wykorzystuję te pustynne marsze przez jałową ziemię, aby przyciągnąć cię do siebie. Znalazłeś kwiaty Pokoju kwitnące w najbardziej opuszczonych miejscach. Nauczyłeś się dziękować Mi za ciężkie chwile i trudy podróży, ufając, że dzięki nim dokonuję swoich największych dzieł. Zdałeś sobie sprawę, że potrzebując Mojej pomocy, możesz dogłębnie Mnie poznać, a to jest dar nad darami.

Iz 58,11; Iz 40,11

30 LISTOPADA

KŁOPOTY SĄ CZĘŚCIĄ ŻYCIA. Nie możesz przed nimi uciec – są wplecione w materię tego zepsutego świata. Zbyt łatwo przestawiasz się na tryb zadaniowy, zachowując się tak, jakbyś był w stanie wszystko naprawić. To typowa reakcja, na tyle automatyczna, że omija świadome myślenie. Ten nawyk nie tylko cię frustruje, ale też oddala ode Mnie.

Nie pozwól, aby najważniejsze dla ciebie było usuwanie usterek. Nie jesteś w stanie naprawić całego otaczającego cię zła. Nie bierz na siebie ciężaru obowiązków, które nie są twoimi obowiązkami. Najważniejsza powinna być dla ciebie nasza relacja. Rozmawiaj ze Mną o każdej sprawie, która zajmuje twoje myśli, i staraj się spojrzeć na nią z Mojej perspektywy. Nie próbuj naprawiać wszystkiego wokół, lecz proś Mnie, abym pokazał ci, co jest naprawdę ważne. Pamiętaj, że jesteś w drodze do nieba; niech twoje problemy zbledną w Świetle wieczności.

Ps 32,8; Łk 10,41–42; Flp 3,20–21

Grudzień

Albowiem Dziecię nam się narodziło, Syn został nam dany [...]. Nazwano Go imieniem: Przedziwny Doradca, Bóg Mocny, Odwieczny Ojciec, Książę Pokoju.

Iz 9,5

1 GRUDNIA

KOCHAM CIĘ WIEKUISTĄ MIŁOŚCIĄ, która płynie z zakamarków wieczności. Znałem cię, jeszcze zanim przyszedłeś na świat. Zastanów się nad niesamowitą tajemnicą uczucia, które otaczało cię, zanim się urodziłeś i będzie cię otaczać także po śmierci.

Współczesny człowiek nie myśli o sobie i świecie w perspektywie wieczności. Aby odwrócić swoją uwagę od rozwartych szczęk śmierci, rzuca się w wir działań i rozrywek. Spokojne trwanie u Mojego boku to niemal całkowicie zapomniana sztuka, choć to właśnie spokój pozwala ci doświadczyć Mojego wiecznego uczucia. Musisz mieć pewność, że jestem przy tobie i otaczam cię Miłością, aby przetrwać życiowe burze. W czasach najtrudniejszych prób nawet najlepsza teologia może cię zawieść, jeśli nie będzie jej towarzyszyć empiryczna wiedza o Mnie. Tym, co najskuteczniej uchroni cię przed utonięciem, jest pielęgnowanie naszej przyjaźni.

JR 31,3; LM 3,22–26

2 GRUDNIA

JESTEM KSIĘCIEM POKOJU. Powtarzam ci to, co powiedziałem swoim uczniom: *Pokój ci*. Ponieważ towarzyszę ci na każdym kroku, Mój Pokój jest z tobą nieustannie. Gdy się na Mnie skupiasz, doświadczasz zarówno Mojej Obecności, jak i Pokoju. Czcij Mnie jako Króla królów, Pana panów i Księcia Pokoju.

Potrzebujesz Mojego Pokoju w każdej chwili swojego życia, aby realizować Moje cele. Czasem czujesz pokusę, aby pójść na skróty – chcesz osiągnąć cel tak szybko, jak to tylko możliwe. Ale jeśli idąc na skróty, będziesz musiał oddalić się od Mojej spokojnej Obecności, powinieneś wybrać dłuższą drogę. Idź ze Mną ścieżkami Pokoju; ciesz się wędrówką w Mojej Obecności.

Iz 9,5; J 20,19–21; Ps 25,4

3 GRUDNIA

NIECH CIĘ NIE DZIWIĄ zaciekłe ataki na twój umysł. Szukaj Mnie i staraj się żyć w Moim Pokoju, nie ulegając zniechęceniu. W sferze duchowej jesteś teraz w stanie wojny. Zły nie może znieść naszej bliskości i jego demoniczni podwładni są zdeterminowani, aby ją zniszczyć. Gdy znajdziesz się w samym środku walk, zawołaj Mnie po Imieniu słowami: „Jezu, pomóż!". Gdy tak zrobisz, natychmiast przejmę dowodzenie, a twoja rola będzie się ograniczać do tego, aby Mi ufać, gdy będę za ciebie walczył.

Moje Imię – właściwie używane – może błogosławić i chronić. U kresu czasu *na Moje Imię zegnie się każde kolano istot niebieskich i ziemskich, i podziemnych*. Ludzie, którzy używają słowa „Jezus" jako podłego przekleństwa, tego cudownego dnia osuną się na ziemię, zdjęci przerażeniem. Natomiast ci, którzy z ufnością wypowiadają Moje Imię, aby się do Mnie zbliżać, doświadczą *Radości niewymownej i pełnej chwały*. Oto wielka nadzieja, którą powinieneś w sobie nosić, czekając na Mój powrót.

EF 6,12; 1 SM 17,47; FLP 2,9–10; 1 P 1,8–9

4 GRUDNIA

Myśli moje nie są myślami twoimi ani twoje drogi moimi drogami. *Bo jak niebiosa górują nad ziemią, tak drogi Moje – nad twoimi drogami i myśli Moje – nad myślami twoimi.* Pamiętaj, kim jestem, gdy spędzasz ze Mną czas. Zachwyć się cudem, jakim jest możliwość porozumiewania się z Królem wszechświata – w każdym czasie i w każdym miejscu. Nigdy nie traktuj tego cudownego przywileju jako czegoś oczywistego!

Choć jestem nieporównywalnie wyższy i większy od ciebie, uczę cię myśleć tak jak Ja. Gdy przebywasz w Mojej Obecności, w twojej głowie rodzą się Moje myśli. Kierownikiem tego procesu jest Mój Duch. To On sprawia, że czasem przychodzi ci do głowy jakiś werset Pisma, a czasem słyszysz, jak „mówię" do ciebie bezpośrednio. Nasze rozmowy dodają ci sił i przygotowują cię na wszystko, co możesz napotkać na swojej życiowej ścieżce. Słuchaj spokojnie Mojego głosu. Gdy składasz Mi ofiarę ze swojego cennego czasu, zsyłam ci błogosławieństwa tak hojne, że nawet nie miałbyś odwagi o nie prosić.

Iz 55,8–9; Kol 4,2; Ps 116,17

5 GRUDNIA

NIECH MOJA OBECNOŚĆ przewyższa wszystko, czego doświadczasz. Niczym świetlista poświata unoszę się nad tobą i otaczającym cię światem. Uczę cię pamiętać o Mnie w każdej sytuacji, jakiej stawiasz czoła.

Gdy patriarcha Jakub uciekł przed swoim rozwścieczonym bratem, zasnął z głową na kamieniu w miejscu, które wydawało się zupełnie opuszczone. Śnił o niebie, aniołach i obietnicach Mojej Obecności, a kiedy się obudził, wykrzyknął: *Prawdziwie Pan jest na tym miejscu, a ja nie wiedziałem*. To odkrycie było ważne nie tylko dla Jakuba, ma ono wartość dla wszystkich, którzy Mnie szukają. Gdy czujesz, że jesteś ode Mnie daleko, powiedz: „Prawdziwie Pan jest w tym miejscu". Następnie poproś Mnie, bym uczynił cię świadomym Mojej Obecności. Jestem rad, mogąc odpowiedzieć na tę modlitwę.

Ps 31,21; Rdz 28,11–16

6 GRUDNIA

Idź tuż obok Mnie, a nigdy nie zboczysz ze ścieżki, którą ci wyznaczyłem. To najskuteczniejszy i jednocześnie najprzyjemniejszy sposób na to, aby zawsze pozostawać na właściwej drodze. Ludzie często mnożą swoje obowiązki, aby zachować wierność zasadom religii. W rezultacie składają Mi ofiarę z pieniędzy, czasu i pracy, ale nie oddają Mi tego, na czym zależy Mi najbardziej – swoich serc. Reguł można przestrzegać mechanicznie. Gdy wejdą ci w krew, będziesz się do nich stosował niemal bez wysiłku i bez udziału świadomości. Takie nawykowe przestrzeganie zasad może dawać fałszywe poczucie bezpieczeństwa, wprowadzając duszę w stan śpiączki.

Tym, czego szukam u Moich dzieci, jest przytomna dusza, która daje się porwać Radości płynącej z faktu, że jestem blisko. Stworzyłem ludzi, aby Mnie wychwalali i cieszyli się Mną wiecznie. Ja zapewniam Radość; twoje zadanie polega na tym, aby Mnie wychwalać i żyć blisko Mnie.

Pwt 6,5; Kol 3,23; Ps 16,11

7 GRUDNIA

Jestem z tobą we wszystkim, co robisz, nawet w najbardziej niewdzięcznych pracach. Pamiętam o tobie nieustannie i interesuję się każdym szczegółem twojego życia. Nic nie umknie Mojej uwadze – nawet *włosy na twojej głowie są policzone*. Natomiast twoja świadomość Mojej Obecności bywa niepewna i chybotliwa; w rezultacie nie potrafisz spojrzeć na swoje życie całościowo. Gdy masz Mnie w zasięgu wzroku, czujesz się bezpieczny i kompletny. Gdy twoje pole widzenia się zawęża i koncentrujesz się tylko na problemach i drobiazgach, masz wrażenie, że jesteś pusty i niepełny.

Ucz się wpatrywać we Mnie w każdej chwili i w każdych okolicznościach. Choć świat jest niestabilny i podlega nieustannym zmianom, możesz mieć poczucie ciągłości, jeśli będziesz o Mnie nieustannie pamiętał. *Wpatruj się w to, co niewidzialne*, nawet wtedy, gdy widzialny świat paraduje przed twoimi oczyma.

Mt 10,29-31; Hbr 11,27; 2 Kor 4,18

8 GRUDNIA

TWOJE POTRZEBY I MOJE BOGACTWA to idealne połączenie. Nigdy nie chciałem, abyś był niezależny. Stworzyłem cię w taki sposób, abyś szukał u Mnie zaspokojenia i tych podstawowych, i tych najgłębszych potrzeb. Starannie uformowałem twoje tęsknoty i poczucie braku pełni, aby zwrócić cię w Moim kierunku. Nie próbuj więc ukrywać tych uczuć ani im zaprzeczać. I uważaj, aby nie szukać zaspokojenia swoich pragnień u mniejszych bogów, do których należą wartości materialne, pieniądze i władza.

Przyjdź do Mnie nieporadny, bezbronny i spragniony Mojego błogosławieństwa. Gdy spędzasz ze Mną czas, zaspokajam twoje najgłębsze pragnienia. Ciesz się mnogością swoich potrzeb – to dzięki nim możesz zaznać we Mnie pełni.

FLP 4,19; KOL 2,2–3

9 GRUDNIA

BĄDŹ GOTÓW przeskoczyć dla Mnie przepaść. Jeśli prowadzę cię w jej stronę, to znaczy, że jest to najbezpieczniejsza droga. To, że chciałbyś żyć bez ryzyka, jest przejawem zwątpienia. Próby zminimalizowania zagrożeń kłócą się z twoim pragnieniem życia blisko Mnie. Niebawem znajdziesz się na rozdrożu. Jeśli chcesz podążać za Mną z pełnym zapałem, musisz wyzbyć się swojej tendencji do zachowawczości.

Idź dziś za Mną krok w krok. Jeśli to Ja znajduję się w centrum twojej uwagi, możesz przemierzać niebezpieczne ścieżki bez strachu. Gdy nadejdzie właściwy czas, nauczysz się odprężać i cieszyć przygodą, jaką jest nasza wspólna podróż. Dopóki trzymasz się blisko Mnie, w każdym miejscu jesteś bezpieczny w cieniu Mojego panowania.

Ps 23,4; Ps 9,11; J 12,26

10 GRUDNIA

Uczyń mnie centrum swojej uwagi, gdy szukasz bezpieczeństwa. W myślach, które nie biegną ku Mnie, wciąż starasz się uporządkować świat w taki sposób, aby stał się miejscem przewidywalnym i bezpiecznym. Te starania, nie dość że są skazane na porażkę, to jeszcze wywierają negatywny wpływ na twój rozwój duchowy. Gdy twój świat wydaje się niestabilny, chwytasz Moją dłoń, szukając wsparcia, i żyjesz w świadomej zależności ode Mnie.

Porzuć marzenia o łatwym życiu i ciesz się tym, że kłopoty zwiększają twoją świadomość Mojej Obecności. W mroku niedoli łatwiej jest ci dostrzec blask Mojego Oblicza. Zaakceptuj wartość problemów w tym życiu, *poczytując je za pełną radość*. Pamiętaj, że w niebie czeka na ciebie wieczna beztroska.

Iz 41,10; Ps 139,10; Jk 1,2

11 GRUDNIA

DZIAŁAM DLA TWOJEGO DOBRA. Przynieś Mi wszystkie swoje sprawy, włączając w to marzenia. Rozmawiaj ze Mną na każdy temat, tak aby Światło Mojej Obecności opromieniło twoje nadzieje i plany. Spędź ze Mną trochę czasu, pozwalając, aby Moje Promienie tchnęły życie w twoje plany i zaczęły stopniowo przekształcać je w rzeczywistość. To bardzo praktyczny sposób współpracy ze Mną. Ja, Stworzyciel wszechświata, raczę współtworzyć z tobą rzeczywistość. Nie staraj się przyspieszać tego procesu. Jeśli chcesz ze Mną pracować, musisz zaakceptować ramy czasowe, jakie narzucam. Pośpiech nie leży w Mojej naturze. Abraham i Sara musieli czekać wiele lat, zanim spełniłem swoją obietnicę i dałem im syna. Ale o ileż większa była dzięki temu ich radość z dziecka! *Wiara jest poręką tych dóbr, których się spodziewamy, dowodem tych rzeczywistości, których nie widzimy.*

Ps 36,10; Rdz 21,1–7; Hbr 11,1

12 GRUDNIA

TROSZCZĘ SIĘ O CIEBIE. Poczuj ciepło i bezpieczeństwo, wtulony w Moją miłosną Obecność. Sprawuję kontrolę nad każdą najdrobniejszą sprawą w twoim życiu. A oprócz tego *z tymi, którzy Mnie miłują i są powołani według Mojego zamiaru, współdziałam we wszystkim dla ich dobra*.

Ponieważ świat jest zepsuty i chory, ludzie często myślą, że rządzi nim przypadek. Ciągi zdarzeń wydają się niespójne i raczej pozbawione sensu. Ludzie, którzy patrzą na rzeczywistość w ten sposób, zapominają o pewnej podstawowej rzeczy – o ograniczeniach ludzkiego umysłu. Twoja wiedza na temat świata, w którym żyjesz, jest tylko wierzchołkiem góry lodowej. Pod powierzchnią widzialnej rzeczywistości kryją się tajemnice zbyt wielkie, abyś potrafił je pojąć. Gdybyś tylko mógł się przekonać, że naprawdę jestem tuż obok ciebie i nieustannie działam dla twojego dobra, już nigdy nie zwątpiłbyś w Moją opiekę. Dlatego właśnie musisz *postępować według wiary, a nie dzięki widzeniu*, przekonany o Mojej tajemniczej, majestatycznej Obecności.

Rz 8,28; Hi 42,1–3; 1 P 5,7; 2 Kor 5,7

13 GRUDNIA

ZNAJDŹ CZAS NA ŚWIĘTOŚĆ. "Święty" nie jest synonimem słowa "świętoszkowaty"; "święty" oznacza "wybrany dla Boga". Zbliżasz się do stanu świętości, gdy spędzasz ze Mną czas w ciszy, tak jak teraz. Kiedy zajmuję centralne miejsce w twoim umyśle i sercu, zmieniasz się od wewnątrz – stajesz się takim, jakim stwarzając cię, chciałem, byś był. Aby ten proces mógł postępować, musisz poświęcać więcej czasu na rozmowy ze Mną.

Ta praktyka przynosi nieskończenie wiele korzyści. Gdy wygrzewasz się w Moim Świetle, szybciej wracasz do zdrowia, zarówno w sensie emocjonalnym, jak i fizycznym. Doświadczasz też Mojej bliskości, która wzmacnia twoją wiarę i napełnia cię Pokojem. Oprócz tego otwierasz się na Moje liczne błogosławieństwa i stajesz się oczyszczoną *świątynią Mojego Ducha*, który *może uczynić nieskończenie więcej, niż prosisz czy rozumiesz*, zarówno w tobie, jak i przez ciebie. To tylko niektóre z korzyści płynących z naszych niespiesznych spotkań.

2 TES 1,10; PS 27,4; 1 KOR 6,19; EF 3,20

14 GRUDNIA

ODPOCZNIJ WE MNIE, MOJE DZIECKO, zapominając o troskach tego świata. Skup się na Mnie – Emmanuelu – i pozwól, aby Moja żywa Obecność otuliła cię Pokojem. Trwaj w świadomości, że we Mnie masz wieczne bezpieczeństwo, gdyż *jestem ten sam wczoraj, dzisiaj i na wieki*. Jeśli będziesz ślizgał się po powierzchni życia, skupiając się na tym, co podlega nieustannym zmianom, w końcu powtórzysz za Salomonem: *Marność nad marnościami – wszystko marność*!

Współpraca ze Mną jest tym, co nadaje twojemu życiu sens. Rozpoczynaj każdy dzień od spotkania ze Mną, abyś mógł doświadczyć Mojej Obecności. Gdy spędzasz ze Mną czas, twoja droga odsłania się kawałek po kawałku. Opuść to ciche schronienie, w którym trwasz w duchowej łączności ze Mną, i powoli ruszaj na swą dzienną wędrówkę. Trzymaj Moją dłoń i zdawaj się na Mnie z pełną świadomością, a Ja wyrównam ścieżkę przed tobą.

HBR 13,8[*]; KOH 1,2; PRZ 3,6

---

[*] Biblia Poznańska, wyd. cyt.

15 GRUDNIA

TWOJE PRAGNIENIE NIEBA JEST DOBRE, ponieważ wynika z tęsknoty za Mną. Nadzieja nieba powinna cię wzmacniać i zachęcać do działania, napełniając cię cudowną Radością. Chrześcijanie często błędnie rozumieją słowo „nadzieja", uważając, że wiąże się ono z myśleniem życzeniowym. Nic bardziej mylnego! Gdy cię zbawiłem, niebo stało się ostatecznym celem twojej podróży. Sformułowanie „nadzieja nieba" uwypukla dobro, którym możesz się cieszyć, wciąż jeszcze będąc na ziemi. Ta nadzieja ożywia cię duchowo w mroku niedoli, wyostrza twoją świadomość Mojej Obecności i staje się światłem na twojej drodze. Pragnę, abyś *obfitował w nadzieję przez Moc Ducha Świętego*.

Rz 8,23–25; Hbr 6,18–20; Rz 15,13*

---

* Biblia Warszawska, wyd. cyt.

16 GRUDNIA

MÓJ GŁOS dociera do najgłębszych zakamarków twojej istoty. Mówię językiem Miłości; Moje słowa napełniają cię Życiem, Pokojem, Radością i nadzieją. Pragnę rozmawiać ze wszystkimi Moimi dziećmi, ale wiele z nich jest zbyt zajętych, aby Mnie usłyszeć. "Etyka pracy" sprawia, że stają się kłębkiem nerwów. Bez reszty oddają się swoim wymagającym przełożonym, zastanawiając się, dlaczego Ja wydaję im się taki odległy.

Jeśli chcesz żyć blisko Mnie, musisz uczynić Mnie swoją *Pierwotną Miłością* – swoim najwyższym priorytetem. Gdy Moja Obecność jest dla ciebie ważniejsza niż cokolwiek innego, doświadczasz pełni Pokoju i Radości. Na Mnie także spływa błogosławieństwo, jeśli pozwalasz Mi zajmować pierwsze miejsce w swoim życiu. Idziesz przez życie w Mojej Obecności, a *Moja chwała jaśnieje nad tobą*.

Iz 50,4; Ap 2,4; Iz 60,2*

---

* Biblia Warszawsko-Praska, wyd. cyt.

17 GRUDNIA

PRZYJDŹ DO MNIE ze swoją pustką, wiedząc, że we Mnie doświadczasz swojej pełni. Gdy odpoczywasz przy Mnie w ciszy, Moje Światło coraz jaśniej opromienia cię od środka. Twoja wewnętrzna pustka nie jest niczym więcej, niż zapowiedzią pełni, którą we Mnie osiągniesz. Dlatego raduj się tymi dniami, kiedy z trudem wstajesz z łóżka i czujesz się ospały i nieudolny. Powiedz sobie, że jest to doskonała okazja do tego, aby oprzeć się na Mnie z dziecięcą ufnością. Jeśli będziesz w tym konsekwentny, wieczorem odkryjesz, że po drodze zaczęły ci towarzyszyć Radość i Pokój. Być może nie będziesz w stanie ustalić, w którym momencie do ciebie dołączyły, ale poczujesz korzystny wpływ ich obecności. Idealnym zwieńczeniem takiego dnia jest doksologia wdzięczności. Jestem Tym, z którego wypływają wszelkie błogosławieństwa!

2 KOR 4,6; MT 5,3 I 6; KOL 2,9–10; PS 150,6

18 GRUDNIA

GDY DRĘCZY CIĘ uporczywy problem – problem, który wciąż powraca – postrzegaj go jako wspaniałą szansę. Taki kłopot jest jak prywatny nauczyciel, który nigdy cię nie opuszcza. Nauczy cię tyle, ile tylko będziesz chciał. Podziękuj Mi z wiarą za tę trudność. Poproś, aby otworzyła ci oczy i serce na wszystko, czego dokonuję za jej pośrednictwem. Gdy będziesz Mi wdzięczny za swój kłopot, nie złamiesz się pod jego ciężarem, a wręcz przeciwnie – uniesiesz się ze Mną do nieba. Z tej perspektywy twój problem będzie tylko *nieznacznym, chwilowym uciskiem, który przynosi ogromną obfitość wiekuistej chwały*.

Iz 30,20–21; 2 Kor 4,17*

---

* Biblia Warszawska, wyd. cyt.

19 GRUDNIA

NIE POZWÓL, ABY OGŁUSZYŁ CIĘ szum życia. Składają się nań drobne obowiązki, które musisz kiedyś wykonać, w dowolnej kolejności. Jeśli będziesz za bardzo skupiać się na tych mało istotnych zadaniach, próbując usunąć je wszystkie ze swojej drogi, odkryjesz, że praca nad nimi nigdy się nie kończy.

Zamiast starać się wszystko wykonać od razu, wybierz to, co musisz zrobić dzisiaj. Niech pozostałe zadania zejdą na dalszy plan twojego umysłu, tak abym to Ja mógł zająć w nim centralne miejsce. Pamiętaj, że twoim podstawowym celem jest życie blisko Mnie i gotowość do wcielania w życie Moich zamysłów. Mogę rozmawiać z tobą najswobodniej, gdy twój umysł jest wolny od niepotrzebnych myśli i skupiony na Mnie. Szukaj dziś Mojego Oblicza, przez cały dzień. Niech Moja Obecność uporządkuje twoje myśli, napełniając cię Pokojem.

PRZ 16,3; MT 6,33

20 GRUDNIA

GDY STAŁEM SIĘ JEDNYM Z LUDZI, przychodząc na świat w bardzo skromnych warunkach, tylko kilka osób wiedziało, jak wielka jest Moja Chwała. Jej blask bił ode Mnie w niektórych momentach – zwłaszcza wtedy, gdy dokonywałem cudów. U kresu życia byłem prowokowany i kuszony do tego, aby ujawniać Moją Moc w sposób niezgodny z zamysłem Mojego Ojca. W każdej chwili mogłem przywołać zastępy aniołów, aby Mnie ocaliły. Wyobraź sobie, jak wielką samokontrolą musi wykazać się męczennik, który mógłby się wyswobodzić, gdyby tylko chciał. To całe poświęcenie było konieczne, abyś mógł teraz cieszyć się naszą relacją. Niech twoje życie stanie się pieśnią pochwalną obwieszczającą Moją cudowną Obecność w świecie.

J 2,11; Łk 23,35-36; Ps 92,2-6

21 GRUDNIA

ODKRYWAM PRZED TOBĄ Mój plan względem twojego życia. Czasem droga, którą kroczysz, wydaje się zatarasowana, a kiedy indziej odsłaniam ją tak wolno, że twoja cierpliwość zostaje wystawiona na próbę. Potem, gdy nadchodzi właściwy czas, wszystkie przeszkody znikają bez żadnego wysiłku z twojej strony. Szerokim gestem daję ci wszystko, czego pragnąłeś i nad czym pracowałeś – to bezinteresowny prezent. Czujesz się zdumiony tym, z jaką łatwością działam w świecie, i doświadczasz zapowiedzi *Mojej Potęgi i Chwały*.

Nie obawiaj się swojej słabości, gdyż jest to scena, na której Moja Potęga i Chwała świecą najjaśniej. Gdy z wytrwałością kroczysz wyznaczoną przeze Mnie ścieżką, polegając na Mojej sile, możesz spodziewać się cudów – i na pewno się nie zawiedziesz. Cuda nie zawsze można zobaczyć gołym okiem, ale ci, którzy *postępują według wiary*, widzą je wyraźnie. Gdy *postępujesz według wiary, a nie dzięki widzeniu*, przekonujesz się o Mojej Chwale.

PS 63,3; 2 KOR 5,7; J 11,40

22 GRUDNIA

Przyjdź do mnie i odpocznij w Mojej Obecności. Odpręż się w Moich wiecznych ramionach, rozmyślając nad wzniosłą tajemnicą Wcielenia. Jestem jedyną Osobą, która została p o c z ę t a z Ducha Świętego. Zrozumienie tego faktu przekracza możliwości twojego umysłu. Zamiast starać się pojąć Moje Wcielenie rozumowo, bierz przykład z Mędrców, którzy podążyli za niezwykłą gwiazdą, a gdy Mnie znaleźli, padli na kolana i z uniżeniem oddali Mi cześć.

Pochwały i uwielbienie to najlepsze reakcje na cud Mojego Istnienia. Śpiewaj pieśni wychwalające Moje Imię. Wpatruj się we Mnie, adorując Mnie w milczeniu. Szukaj gwiazdy przewodniej w swoim życiu i bądź gotów pójść wszędzie tam, gdzie cię poprowadzę. *Jestem Światłem, które nawiedza cię z wysoka, aby zwrócić twoje kroki na drogę Pokoju.*

Łk 1,35; J 1,14; Mt 2,9–11; Łk 1,78–79

23 GRUDNIA

Jestem królem królujących *i Panem Panujących*, który zamieszkuje olśniewające Światło! Jestem twoim Pasterzem, Towarzyszem i Przyjacielem – jedyną Osobą, która nigdy nie puszcza twojej dłoni. Czcij Mnie w Moim świętym Majestacie; zbliż się do Mnie i odpocznij w Mojej Obecności. Potrzebujesz Mnie i jako Boga, i jako Człowieka. Tylko Moje Wcielenie, w to dawne, pierwsze Boże Narodzenie, mogło doprowadzić do zaspokojenia twoich rozlicznych potrzeb. Skoro uciekłem się do tak skrajnych środków, możesz być pewien, że *miłościwie dam ci wszystko, czego potrzebujesz*.

Starannie pielęgnuj swoje zaufanie do Mnie jako Zbawiciela, Pana i Przyjaciela. Masz dostęp do wszystkich Moich dóbr. Co więcej, postanowiłem żyć w tobie! Ciesz się wszystkim, co dla ciebie czynię, a Moje Światło będzie opromieniać świat za twoim pośrednictwem.

1 Tm 6,15–16; Ps 95,6–7; Rz 8,32; 2 P 1,19

24 GRUDNIA

MÓWIĘ DO CIEBIE z głębi wieczności. *Istniałem, zanim powstał świat.* Mój głos dociera do zakamarków twojej duszy, gdzie mieszkam. *Jam jest Chrystus w tobie, nadzieja chwały.* Ja, twój Pan i Zbawiciel, żyję w twoim wnętrzu. Ucz się dostrajać do Mojej żywej Obecności poprzez ciche poszukiwania Mojego Oblicza.

Świętując cud Moich narodzin w Betlejem, świętuj też swoje odrodzenie do wiecznego życia. Ów nieprzemijający dar jest jedynym powodem, dla którego przyszedłem na ten skażony grzechem świat. Przyjmij Mój prezent ze zdumieniem i pokorą. Niespiesznie poznawaj Moją niezmierzoną Miłość. Pozwól, aby twoje serce wypełniło się wdzięcznością w odpowiedzi na Mój cudowny dar. *Niech twoim sercem rządzi Mój Pokój. I bądź wdzięczny!*

Ps 90,2; KOL 1,27; KOL 3,15

25 GRUDNIA

GDY TRWASZ przy Mnie z czujnym sercem, *olśniewa cię Jasność poznania Mojej Chwały*. Ta świetlista wiedza wykracza poza granice ludzkiego pojmowania i przemienia każde włókno twojej istoty: odnawia twój umysł, oczyszcza serce, pokrzepia ciało. Otwórz się na Moją Obecność; zachwyć się Moim cudownym Jestestwem.

Spróbuj sobie wyobrazić, czego musiałem się wyrzec, gdy przyszedłem na świat jako dziecko. Zrezygnowałem ze swojej Chwały, aby wcielić się w rodzaj ludzki. Zaakceptowałem ograniczenia niemowlęctwa w przeokropnych warunkach – brudnej stajni. Była to dla Mnie ciemna noc, mimo że aniołowie rozświetlili niebo, obwieszczając Chwałę oniemiałym pasterzom.

Siedząc ze Mną w ciszy, doświadczasz odwrotności tego, co przeszedłem. Gdy się ze Mną utożsamiasz, otwiera się przed tobą niebo, dając ci zapowiedź Mojej Chwały. *Stałem się ubogi, aby cię ubogacić.* Śpiewaj „Alleluja", wysławiając Moje święte Imię.

2 KOR 4,6; FLP 2,6–7; ŁK 2,13–14; 2 KOR 8,9

26 GRUDNIA

JESTEM PREZENTEM, który nie przestaje uszczęśliwiać – bez granic i bez warunków. Bezwarunkowa Miłość jest pojęciem tak radykalnym, że nawet Moi najbardziej oddani naśladowcy nie potrafią w pełni pojąć jej istoty. Absolutnie żadna siła w niebie i na ziemi nie jest w stanie sprawić, abym przestał cię kochać. Możesz czuć się bardziej kochany, gdy postępujesz w sposób zgodny ze swoimi oczekiwaniami. Jednak Moja Miłość do ciebie jest doskonała i dlatego nie podlega wahaniom. Tym, co się zmienia, jest twoja świadomość Mojej kochającej Obecności.

Gdy jesteś niezadowolony ze swojego zachowania, często czujesz się niegodny Mojego uczucia. W takich sytuacjach możesz nieświadomie wymierzać sobie karę, odsuwając się ode Mnie, a nasze oddalenie przypisywać Mojemu niezadowoleniu. Zamiast do Mnie wrócić i przyjąć Moją Miłość, próbujesz zdobyć Moją aprobatę poprzez usilne starania. Tymczasem Ja pragnę tulić cię w Moich *wiecznych ramionach*, pragnę otaczać cię Miłością. Przyjdź do Mnie, gdy czujesz się niegodny lub niekochany, i poproś o serce otwarte na *Moje Miłosierdzie*.

1 J 4,15–18; Pwt 33,27*; Ps 13,6

---

* Biblia Warszawska, wyd. cyt.

27 GRUDNIA

Przygotowuję cię na to, co jest na drodze przed tobą, tuż za zakrętem. Pobądź przy Mnie w ciszy, abym mógł cię wzmocnić. Im więcej zadań masz do wykonania, tym bardziej potrzebujesz tych naszych spotkań na osobności. Ludzie często myślą, że czas spędzony ze Mną jest luksusem, na który nie mogą sobie pozwolić. W konsekwencji żyją i pracują, polegając na własnych siłach – dopóki je mają. Gdy poczują się wycieńczeni, mogą albo zawołać Mnie na pomoc, albo odwrócić się ode Mnie z goryczą.

O ileż lepiej jest iść blisko Mnie, polegać na Mojej sile i ufać Mi w każdej sytuacji. Jeśli zdecydujesz się żyć w ten sposób, będziesz r o b i ł mniej, ale o s i ą g a ł więcej. Takie niespieszne tempo życia okaże się czymś niezwykłym w tym rozgorączkowanym świecie. Niektórzy ludzie mogą posądzać cię o lenistwo, ale dla większości twój spokój będzie wspaniałym darem. Krocz ze Mną w Świetle, a Ja będę objawiał się światu za twoim pośrednictwem.

Iz 64,3; J 15,5; Ps 36,10

28 GRUDNIA

JESTEM TWOJĄ UCIECZKĄ I SIŁĄ, *Pomocą w utrapieniach najpewniejszą*. Dlatego nie musisz się niczego bać – nawet w obliczu katastrofalnych zmian. Media z coraz większym zaangażowaniem opowiadają o sprawach, które wzbudzają lęk – terroryzmie, seryjnych zabójcach, katastrofach ekologicznych. Jeśli skoncentrujesz się na tych zagrożeniach i zapomnisz, że jestem twoją Ucieczką, twój lęk będzie narastał. Każdego dnia objawiam swoją łaskę w niezliczonych miejscach i sytuacjach, ale media tego nie zauważają. Zasypuję tę planetę nie tylko błogosławieństwami, ale też najprawdziwszymi cudami.

Gdy się do Mnie zbliżasz, otwieram ci oczy, abyś wyraźniej dostrzegał przejawy Mojej Obecności w świecie wokoło. Rzeczy, których większość osób nie zauważa, na przykład zmieniające się odcienie słonecznego światła, napełniają twoje serce wielką Radością. Masz oczy do patrzenia i uszy do słuchania, więc obwieszczaj światu Moją nieustanną Obecność.

Ps 46,2–4; Ps 89,16

29 GRUDNIA

UFAJ MI każdym włóknem swojej istoty! To, ile mogę osiągnąć w tobie i przez ciebie, jest zależne od tego, jak bardzo na Mnie polegasz. Jednym z aspektów tej zależności jest stopień, w jakim ufasz Mi w obliczu kryzysów i przy podejmowaniu ważnych decyzji. Niektórzy ludzie ponoszą całkowitą porażkę na tym polu, podczas gdy inni najlepiej spisują się właśnie w trudnych chwilach. Kolejna kwestia – stałość twojego zaufania – jest jeszcze bardziej znamienna. Ludzie, którzy opierają się na Moim ramieniu w obliczu trudności, mogą o Mnie zapominać, gdy wszystko toczy się zgodnie z planem. Trudne chwile wyraźnie uświadamiają ci, jak bardzo Mnie potrzebujesz, a *pomyślne wiatry* mogą uśpić twoją czujność, dając ci złudzenie, że jesteś samowystarczalny.

Malutkie kroki na drodze życia interesują Mnie tak samo jak ryzykowne skoki. Możesz myśleć, że nikt nie śledzi twoich poczynań, ale Ten, który jest zawsze przy tobie, widzi wszystko – i promienieje Radością. Jeśli chcesz rozkwitać w Mojej Obecności, musisz nieprzerwanie darzyć Mnie zaufaniem.

Ps 40,5; Ps 56,4-5; Ps 62,9; Iz 26,3-4

30 GRUDNIA

PROWADZĘ CIĘ ścieżką, która jest właściwa tylko dla ciebie. Im bliżej Mnie kroczysz, tym bardziej uwalniasz swoje prawdziwe „ja" – stajesz się tym, kim chciałem, byś był, stwarzając cię. Ponieważ jesteś jedyny w swoim rodzaju, droga, którą idziemy, coraz bardziej oddala się od innych ścieżek. Jednak w swojej nieodgadnionej mądrości i w tylko sobie znany sposób pozwalam ci odbywać tę samotną podróż w bliskim kontakcie z innymi. Tak naprawdę to im bardziej Mi się oddajesz, tym swobodniej możesz kochać innych.

Zachwyć się pięknem życia przesyconego Moją Obecnością. Raduj się naszą wspólną, intymną podróżą. Ciesz się przygodą, jaką jest odnajdywanie siebie poprzez oddawanie się w Moje ręce.

2 KOR 5,17; EF 2,10; 1 J 4,7–8; J 15,4

31 GRUDNIA

Pożegnaj ten rok, przyjmując Mój Pokój. Właśnie tego ci najbardziej trzeba, a Ja, *Książę Pokoju*, pragnę zaspokoić każdą twoją potrzebę. Moja obfitość i twoja pustka to idealne połączenie. Stworzyłem cię w taki sposób, abyś musiał się borykać z niedostatkiem własnych zasobów. Jesteś *glinianym naczyniem*, które winno być wykorzystywane wyłącznie do Bożych celów. Chcę, abyś napełniał się Moim Jestestwem i coraz bardziej przesiąkał Moim Pokojem.

Podziękuj Mi za Moją spokojną Obecność, niezależnie od tego, co czujesz. Z czułością wyszepcz Moje Imię. *Mój Pokój*, który jest nieustannie obecny w twojej duszy, będzie stopniowo przenikał całą twoją istotę.

Iz 9,5; 2 Kor 4,7; J 14,26–27

OD REDAKCJI

Katolik prócz osobistego przeżywania wiary, wnikliwej lektury Pisma Świętego, powinien też regularne uczestniczyć we Mszy Świętej w niedziele i święta, korzystać ze spowiedzi i pogłębiać znajomość wiary oraz nauki Kościoła i praktykować czynną miłość bliźniego.